AF232956

LES VIES

DES

FEMMES ILLUSTRES

ET CELEBRES

DE LA FRANCE.

Soutenez vos droits au bon sens, & montrez aux
Hommes que la raison n'est pas faite pour eux seuls.
Tiré d'une Piéce de vers Anglois.

TOME CINQUIEME.

Prix, 40 sols le Volume broché.

A PARIS,

Chez

GRANGÉ & DUFOUR, Imprimeur, Librai-
res, au Cabinet Litteraire, Pont N. D.
DUCHESNE, Libraire, rue S. Jacques,
au-dessus de la Fontaine S. Benoît, au
Temple du Goût.
MOREL le jeune, Libraire, au Grand Cy-
rus, Grand'Sale du Palais.

M. DCC. LXIV.
Avec Approbation & Privilege du Roi.

LES VIES

DES

FEMMES ILLUSTRES.

FRANÇOISE D'AUBIGNÉ,

Veuve de Scaron, Marquise de Maintenon.

L'HISTOIRE ne veut que du vrai, mais comment satisfaire ? Quand on a à donner la vie d'une personne qui s'appliqua toute sa vie à cacher les motifs qui la faisoient agir, & qui jamais ne se fit voir, telle qu'elle étoit. Qu'un misérable déguise ses actions, on l'appelle fourbe ; que ce soit un grand, on le nomme politique : si c'est un particu-

Tome V.   A

lier qui tient un milieu entre tous les deux, on le traitera d'hypocrite. Ces trois mots pouvant être synonymes, je les employerai indifféremment; cependant en adouciſſant ce que la malignité pourroit y attacher.

Francoiſe d'Aubigné eſt un problême qu'on tentera envain de réſoudre. Dans l'obſcurité comme dans le grand jour ; dans l'abaiſſement ou aux pieds du thrône, on voit une femme cachée, diſſimulée & même hypocrite : amatrice de la gloire, on la voit courir après tout ce qu'il y a de ſingulier ; ſans ſageſſe vertueuſe, ſans en piété devote, ſans bonté bienfaiſante ; fidele à ſes devoirs, ſans en pratiquer aucun ; modeſte ambitieuſe, fiere, hautaine, humble : elle n'eut jamais que les dehors des vices & des vertus ; ainſi que le cameléon, elle changeoit de couleurs ſuivant ce qui l'environnoit : c'eſt ce qui fit qu'elle ſe maintint en faveur

pendant trente ans & qu'elle captiva
si long-tems un Prince capable de commander à l'univers, & incapable de
se fixer à un seul objet : toutes ses
maîtresses furent supérieures à Françoise d'Aubigné, malgré cela il n'y eut
qu'elle qui le put captiver ; quoiqu'elle
eut bien de leurs défauts, sans en avoir
les vertus : elle devint maîtresse d'un
Grand Roi à un âge où la plus coquette
ne songe plus à faire des amans : elle
avoit cinquante ans ; ainsi quoiqu'elle
eut été assez belle, on s'imaginera aisement qu'il lui restoit peu de cette
beauté nécessaire pour faire des conquêtes : tout ce qui lui resta, fut un
air noble & plein d'agrément, que les
années ne lui ôterent jamais. Avec ce
peu d'attraits elle fit ce que ne purent
jamais les Mancinis, les Lavalliere,
Montespan, Fontange & d'autres. Il fallut donc qu'elle mît en jeu des ressorts
inconnus jusqu'alors aux femmes. C'est

A ij

ce qu'il faut développer fans fe rendre fufpect de fatyre ou d'adulation : il faut lever le mafque & la laiffer voir s'il eft poffible, telle qu'elle étoit.

L'ancienneté de la Maifon d'Aubigné, plus connue avant Françoife, dans l'Anjou, que dans la France, n'eft point conteftée ; la naiffance de notre Héroïne l'eft davantage : la médifance où la calomnie veut qu'elle étoit batarde, parce qu'elle lui donne pour mere la fille du Concierge de la prifon de Niort, avec qui, dit-elle, le pere de Françoife contracta un mariage clandeftin : elle veut même que cette fille devint enceinte des faits du prifonnier avant que de l'avoir époufé ; mais c'eft un fait que l'envie imagina lorfqu'elle vit Françoife fur le point de commander à la France. Voici ce qui a donné lieu à cette hiftoriette.

Conftant d'Aubigné, fils de Théodore Agrippa d'Aubigné, auffi connu fous Henri IV. par fon zèle pour le Calvinifme que par fes fatyres, ayant confumé fon bien par fes débauches, quitta la France & fe retira dans l'Amérique où il obtint le brevet de Vice-Roi des Ifles de ce nouveau monde : ayant trahi fon bienfaiteur pour fe livrer aux Anglois, il fut revoqué. Malgré fon crime il paffa en France, où il ne fut pas long-tems libre : Jeanne Cardillac, fa femme, ne put rien obtenir du Cardinal de Richelieu, finon qu'elle pourroit fe mettre en prifon avec lui : foit par tendreffe ou défœuvrement elle y acoucha trois fois : elle n'avoit pas feule part aux faveurs de fon mari, il devint amoureux de la fille du Géolier qui le paya bien de retour. Comme les paffions font plus fortes chez les femmes, d'Aubigné fut tant aimé que l'amante s'aveuglant fur le danger chercha à le faire évader de prifon & lui promit de plus, de le fuivre

en Amérique fans faire réflexion au
caractere d'un homme qui, felon le
bruit public, avoit poignardé fa premiere femme, & qui ne pouvoit l'é-
poufer fans trahir la foi donnée à une
autre. Le projet fut découvert, Conftans fut transferé des prifons de Bor-
deaux dans celles de Niort; ce fut là
que Jeanne Cardillac y mit au monde
cette fille fi célebre : elle naquit le 27
1635. Novembre 1635, François, Comte
des Rochefoucaut, & Sufanne de Beau-
dean la nommerent *Françoife*, d'autres
difent *Guillaumette*. Sa mere voulut la
nourrir. La mifere, le manque d'ali-
mens l'en empêcherent. Madame de
Villette, touchée de compaffion, l'enleva de fes bras & ne la rendit qu'en
1639, que Conftans fut reconduit dans
le Château Trompette. Enfin, après
plus de dix ans de prifon, Madame
d'Aubigné vint à émouvoir la pitié du
Miniftre : étoit-ce peu ? Puifque c'étoit

le Cardinal de Richelieu. Son mari fut élargi à condition qu'il se feroit Catholique. Pour être dispensé de tenir une promesse que la force lui arrachoit, il passa en Amérique avec sa femme & deux de ses enfans : la fortune dabord lui fut favorable, mais pendant un voyage que sa femme fit en France, le jeu lui enleva en peu de tems de vastes plantations qui étoient le fruit de plusieurs années de travail.

Sa femme se voyant sans ressources, donna tous ses soins à l'éducation de ses enfans, pour les dédommager des biens que la mauvaise conduite de leur pere leur enlevoit. Trouvant beaucoup de dispositions dans Françoise, elle s'attacha particulierement à elle. Afin de lui inspirer la vertu & pour lui former le jugement, elle lui fit lire dès l'âge de six ans les vies de Plutarque & l'obligea d'en faire des extraits. Pour qu'elle eut la liberté de réflechir on lui don-

1641.

noit toute liberté d'écrire , ainsi son
esprit peu à peu se fortifia , & la petite
fille raisonna de bonne heure. Entendant un jour sa mere qui parloit de
l'enfer à son fils pour l'intimider ; elle
lui disoit, mon frere , crois-m'en , le
bon Dieu se ravisera , tout cela ne sera
pas éternel.

1646.   D'Aubigné prêt à réparer tous les
désordres de la fortune par une meilleure conduite, tomba malade & mourut , ne laissant à sa femme que la charge
de deux enfans : se voyant sans biens,
sans espérance , elle repassa en France
où tous ses biens étoient entre les mains
de ses créanciers.

Ceux qui veulent que Françoise eut
pour mere la fille du Géolier de Niort,
ce qui n'est pas sans preuves ; prétendent que Madame d'Aubigné mourut ,
ainsi que son mari, dans son exil, &
que Françoise, pressée du désir commun de revoir sa patrie & de recueillir

les débris de la fortune de fon pere,
fe mit dans un vaiffeau qui vint dé-
barquer à la Rochelle ; de-là, qu'elle
fut trouver Madame de Villette, fa
tante, qui la reçut à bras ouvert. Les
Adulateurs de Madame de Maintenon
qui lui donnent une mere d'un rang plus
élevé, la font venir en France, &
felon eux celle qui lui avoit donné le
jour ne meure que lorfque fa fille eut
connu Scaron ; mais rien n'eft plus in-
certain que ce fait. Ce qu'on peut
mieux affurer, c'eft que Françoife trouvant tous les biens de fa famille dif-
fipés & confumés par la Juftice, s'attacha à fe faire aimer de Madame de
Villette & de fa fille, fort connue dans
la fuite fous le nom de Sainte-Hermine,
perfuadée qu'elle ne pouvoit fe paffer
de leurs foins. Pour leur plaire, elle
fe déclara pour la religion que fes peres
avoient défendue, & bientôt on la vit

A v

zélée Calviniste, premiere époque de son caractere.

Madame de Neuillant, sa parente, pour faire sa cour aux Puissances, la leur dénonça : en conséquence, Françoise fut arrachée avec violence des bras de sa tante, & mise entre les mains de Madame de Neuillant, qui la confondit bientôt avec ses domestiques. Madame de Villette voyant que cette parente vouloit avoir la gloire de la conversion de sa niéce sans en faire les frais, proposa de la mettre au couvent des Ursulines de Niort, & de payer sa pension. Quoiqu'elle n'eut jamais songé à faire aucune violence à ses inclinations pour la religion, néanmoins dès qu'elle apprit qu'elle en avoit changé, elle cessa de fournir à l'entretien de sa niéce, & bientôt la nouvelle convertie se trouva dans la derniere misere.

Françoise ne s'étoit rendu aux importunités des Religieuses de Niort, que par une espece de reconnoissance : car sa conversion alors n'étoit rien moins que sincere ; elle disoit aux autres Pensionnaires, je serai bientôt Catholique, car on me promet une image. Elle sauva les déhors en allant à la Messe. Les Religieuses satisfaites, lui protesterent qu'ils lui donneroient de leur sang si elle en avoit besoin. Ce zèle gagna peu à peu Françoise. Dès qu'on cessa de la contraindre, elle entra volontiers dans la vraie religion, d'autant qu'elle esperoit ne jamais manquer de rien. Elle fut bientôt détrompée. Les Ursulines voyant que personne ne payoit plus sa pension, dirent nettement à Françoise que leur maison ne pouvoit nourrir des pensionnaires qui ne payoient point. Ce discours la fit rougir & l'embarrassa beaucoup. Les Religieuses la tirerent de ce pas, en donnant avis de leur dessein à une de ses parentes, qui étant

A vj

obligée d'aller à Paris où elle avoit un procès, avoit besoin d'une compagne. Elle retira Françoise de leurs mains, assez-tôt, pour qu'elle n'eût pas l'affront de se voir congédiée, parce qu'elle avoit la vertu que les Religieuses font vœu d'avoir, la pauvreté.

Sa parente la voyant assez grande pour être produite dans le monde, résolut de se faire accompagner d'elle par tout où elle iroit à Paris, espérant qu'elle pourroit lui devenir utile dans ses sollicitations, par son esprit & par les agrémens de sa personne. Le hazard voulut qu'elle prît une chambre garnie dans la même maison où étoit *Portrait de* logé le fameux Scaron. Cet homme si *Scaron.* connu n'avoit à l'âge de 25 ans rien de sain que l'esprit. Cul de jatte, gouteux, impotent; voilà ce qui lui resta de ces débauches. Une partie de plaisirs lui avoit ôté subitement des jambes qui avoient bien dansé, des mains qui

avoient fçû peindre & jouer du luth ;
en un mot , un corps très-adroit, comme il le dit lui-même : en forte que
la fciatique, le rhumatifme, la goutte
firent du jeune muguet un racourci de
la mifere humaine. Tout ce qu'il y
gagna , c'eft que fes infirmités lui valu-
rent cinq cens écus de penfion qu'il eut
d'Anne d'Autriche pour avoir pris le
titre de *malade de la Reine.* Françoife
fit bientôt connoiffance avec un homme auffi fingulier. Sa parente qui voyoit
que fa vertu ne couroit pas grand rif-
que en pareille compagnie , fut charmée de l'avoir trouvé , parce que fouvent elle étoit obligée de fortir feule.

Le mérite de Mademoifelle d'Aubigné ne fut pas long-tems caché aux
yeux de Scaron. Elle lui raconta les
malheurs qui avoient commencé à la
perfécuter , avant qu'elle fût au monde.
Scaron y fut d'autant plus fenfible,
qu'ils lui rappelloient les fiens. Il éprou-

voit que les revers éloignent tous nos amis; ainsi il songea à en acquérir. Sa fortune n'étoit point brillante; fils d'un riche pere, qui avoit perdu vingt mille livres de rente pour avoir harangué vigoureusement contre un édit que son corps rejettoit, & que le Cardinal de Richelieu donnoit, il ne lui restoit qu'un Canonicat du Mans; il eût pu encore avoir quelques espérances sur les bourses des grands, s'il n'eût pas tant aimé la satyre, & s'il les eût craint & respectés davantage; mais incapable de se modérer, il faisoit pleuvoir les épigrammes de tous côtés sur le Cardinal Mazarin, qui, quoiqu'insensible à la satyre perdit son indifférence quand il vit paroître la *Mazarinade*. Le Ministre s'en vengea en supprimant les gages de son emploi de malade de la Reine; ainsi cet homme burlesque ne pouvoit promettre beaucoup. Malgré cela, quoiqu'aussi mal dans ses affaires que dans fa fanté, il ofa afpirer à une perfonne des plus fpirituelles, des plus aimables, & qui voyoit le Chevalier de Méré, Chevreufe, Villarceaux & d'autres jeunes Seigneurs fe difputer à l'envi à qui auroit fon cœur. Pour fupplanter ces rivaux, Scaron eut des vues plus honnêtes.

Il fçavoit que l'indigence eft l'écueil de la vertu, & que Françoife étoit en affez mauvaifes mains. Elle avoit fait connoiffance chez lui de Ninon l'Enclos, de la Comteffe de la Suze, de Marion de Lorme, de Madame Martel & d'autres beaux efprits qui pouvoient aifément lui infpirer, qu'il falloit mieux devoir fa fubfiftance aux bienfaits de l'amour, qu'à la compaffion, à la charité ou qu'à l'adreffe de fes mains ; ainfi il falloit prévenir ces féductions. Pour cela il lui dit, je ne vous détaillerai pas, Mademoifelle, la fituation où vous êtes, ni la mifere à

venir qui vous ménace, la misere présente n'en est que le prélude. Pour y
remédier, choisissez, ou ma fortune
trop bornée pour vous, ou un Couvent
où je payerai votre dot. Je voudrois
pouvoir faire mieux pour vous, mais
je ne puis ; je me donne à vous tel que
je suis, c'est-à-dire, fort vilain, Monsieur. Consultez-vous, le choix est dans
vos mains : restez comme vous êtes,
ou faites vous Religieuse, ou devenez
ma femme : Mademoiselle d'Aubigné
prit sur le champ son parti. Convain-
cue qu'il n'y a rien de pire que d'être
sur le compte d'autrui ; elle lui dit sans
hésiter, que si Madame de Neuillant y
consentoit, qu'elle choisissoit le parti
où elle pouvoit, par ses soins, lui té-
moigner sa reconnoissance. Madame
de Neuillant, charmée de n'avoir plus
sur les bras une parente qu'elle n'o-
bligeoit qu'en assaisonnant ses bienfaits
de reproches plus sensibles que la mi-

fere, donna volontiers les mains à ce mariage, qui fans être fort avantageux, affuroit à fa niéce du moins du pain. Ainfi Scaron vendit fon Canonicat, & époufa Mademoifelle d'Aubigné. Il reconnut par le contrat de mariage, quatre louis de rente à l'accordée ; c'eft tout ce qu'elle apportoit avec deux grands yeux fort mutins, un très-beau corfage, une paire de belles mains & beaucoup d'efprit. Le Notaire ayant demandé quel douaire on affuroit à la future époufe ? L'imortalité lui dit Scaron. Le nom des femmes des Rois meurt avec elles ; celui de la femme de Scaron vivra éternellement, jamais prédiction ne fut mieux accomplie.

Ce fut au mois d'Avril de l'année 1651, que Mademoifelle d'Aubigné devint l'époufe de Scaron ou fa compagne ; car ce fut une union, comme elle l'a dit depuis, où le cœur entroit pour peu de chofe & le corps en vérité

pour rien. Quoiqu'il en soit, ce mariage étoit une fortune pour elle, &
si elle n'eût été Madame Scaron, on
ne connoîtroit point Madame de Maintenon. Quoique mal assortie, elle fut
plus heureuse dans son état de médio-
crité que lorsqu'elle fut montée au plus
haut dégré de faveur. Elle trouva un
mari avec qui elle vécut d'une maniere
fort douce, & qui ne lui laissa manquer
de rien. Il lui fournir bonne compagnie, pour lui faire oublier ce que la
sienne pouvoit avoir d'ennuiant. Les
Turennes, dit un Ecrivain, de nos
jours y conversoient avec les Mignards,
l'Homme de robe venoit s'y délasser
de ses travaux ; l'Homme de Cour y
désapprendre la fatuité, y oublier la
perfidie. L'esprit ne vivoit qu'avec l'esprit, & vivoit pourtant avec les gens
de la premiere qualité : on laissoit aux
frivoles, la toilette des femmes aux
Parasites les tables des Financiers,

aux dupes la protection des Grands. On n'y diſſertoit point ſur les modes comme dans les autres ſociétés, une femme laſſe de ſon exiſtence pénétrée d'ennui, ne diſoit point avec un bail-lement dédaigneux, au perroquet de parler, à l'Abbé d'avoir de l'eſprit.

Ce fut dans ces petites aſſemblées où Madame Scaron trouva des pro-tecteurs, qu'elle apprit à ſe former le cœur & l'eſprit & à ſe produire. Le Chevalier de Méré, moitié homme, moitié philoſophe & moitié courtiſan fut ſon maître; il la forma, à ce qu'on appelle le Bel-air, lui apprit à être ai-mable, à ſauver en tout les apparences, leçon qu'elle pratiqua bien. Si elle vi-voit bien avec ſon mari, c'eſt parce qu'on lui diſoit que c'étoit le devoir d'une femme; car dans le particulier elle ne s'oocupoit que du ſoin de pré-venir les torts que lui faiſoit le nom d'un époux, en qui tout étoit burleſque.

Avide de gloire, elle recherchoit la compagnie de gens qui ne pratiquoient pas leur devoir pour qu'on remarquât davantage qu'elle prenoit le contrepié. Son ambition lui faisoit souffrir le martyre par mille contraintes, qu'elle s'impofoit. Pendant le carême, si elle se trouvoit à une table où on se livroit aux plaifirs d'une chere délicate, elle ne mangeoit que des féves, des harangs, uniquement pour se faire remarquer & eftimer; par la même raison elle étoit modefte comme une vierge, exacte à fauver les apparences, quoique fans piété comme elle en convenoit, on la mortifioit extrêmement en allant lui rendre des vifites un jour folemnel, parce que c'étoit fuppofer qu'elle n'avoit pas même la dévotion du jour, & qu'il n'étoit pas de bonne grace qu'une jeune femme eut fur tout cela les idées des libertins qu'on méprife toujours. Quoique fans pitié, fans autre religion que celle des Mondains ; elle eut été rendre aux pauvres malades les foins les plus abjects. Voyant un homme attaqué de la petite vérole, elle entra dans fa chambre, le fervit uniquement par l'envie de faire une chofe qu'une jolie femme n'a jamais faite. C'eft ce qui l'engagea un jour de prendre de l'émétique en pleine fanté, & d'aller enfuite faire des vifites & de dire ce qu'elle avoit fait. Comme chacun la renvoyoit, la traitant de folle, fon amour propre fut extrêmement mortifié ; car, difoit-elle, je voulois qu'on dît, voyez cette jolie femme, elle a le courage d'un homme & on n'en parle pas. Ce font ces traits qui font connoître le cœur. Mais comme on n'eft pas toujours d'affez bonne foi pour les avouer, qu'on en connoît bien peu.

Le defir de fe fignaler & de fe diftinguer du commun des femmes, lui fit apprendre l'espagnol, le latin, l'italien, sans cependant se servir pour briller de ses langues, ni des autres qualités qu'elle avoit. Néanmoins personne n'aima tant les louanges : voilà ce qui la rendit vertueuse ; car quoiqu'en ait dit la gazette médisante, on peut assurer qu'elle fut sage. Elle eut des amans, & comme elle avoit une extrême envie de plaire, le nombre en fut fort grand ; mais on ne peut désigner ceux qui furent heureux : Madame Scaron eût voulu être adorée de l'univers, mais elle se croyoit quitte de la reconnoissance, il n'y eut qu'au Maréchal d'Albret qu'elle donna des espérances ; mais ce fut pour l'engager à lui sacrifier toutes ses maîtresses ; car celles de tous les autres avoient été les siennes. Cependant on veut que Madame Scaron fut sensible à ce sacrifice. Le Marquis de la Fare assure qu'elle fut la maîtresse du Maréchal. Il n'est

pas le seul qui ait hazardé dès soupçons
sur sa conduite : ce couplet que Scaron
fit pour sa femme peut y avoir donné
lieu.

> Je vous ai promenée au champs,
> Souvent à ma porte ;
> Soit que j'entre ou que je sorte
> Je vois vos Marchands ;
> Pour porter à l'aise,
> Votre chien de cu
> Tous les jours une chaise
> Coûte un bel écu
> A moi pauvre cocu.

Mais Scaron badinoit si souvent que
les flatteurs veulent que ce fut là l'ouvrage, le badinage d'un homme enjoué,
qui pour un bon mot prend volontiers
un titre qu'il ne voudroit pas qu'on
lui donna.

L'orgueil fut un puissant appui pour
la vertu de Madame Scaron, si elle lui
fit bréche, ce fut si sécretement qu'il

eſt toujours téméraire de vouloir ap-
profondir ce point.

La gaïté jamais n'abandonna Scaron,
pour s'en convaincre il ſuffit de lire
ſon teſtament, qu'il dicta lorſque ſa
langue étoit glacée par les ſymptômes
d'une mort prochaine : un moment
avant que d'expirer, il dit, je n'aurois
jamais cru qu'il fut ſi aiſé de ſe moquer
de la mort ; ce fut au mois d'Octobre 1660, que Madame Scaron devint
veuve : comme c'eſt un devoir pour
une femme de pleurer ſon mari, comme de porter le deuil de ſa mort,
Madame Scaron s'en acquitta ſcrupu-
leuſement. Ce ne fut pas cependant
ſeulement par cérémonies, par uſage
qu'elle verſa des larmes. La perte du
corps pouvoit être peu de choſe, mais
elle n'étoit pas inſenſible à celle des
biens ; ſes revenus étoient attachés à
la vie de ſon mari ; ainſi en le perdant,
elle perdit tout, & ſe retrouva à peu

de

de choses que près dans le même état où elle étoit avant de l'avoir épousé. Car son mari ne lui laissa que des plaisanteries & des dettes. Elle eut une consolation, ce fut de voir que les amis du défunt ne l'abandonnoient point. Quoique son orgueil souffrit à recevoir, elle ne put refuser ce qu'il lui étoit nécessaire, pour se retirer aux Hospitalieres de la Place Royale. Ce fut là que commença l'amitié qu'elle eut pour une Religieuse, nommée Madame Saint Basile, la mentor de Madame Scaron.

Pendant sa retraite les amis de son mari firent tout ce qui étoit en leur pouvoir pour engager la Cour à lui continuer la pension dont avoit joui Scaron, mais Mazarin n'y répondoit qu'en plaisantant : ayant appris que la Suppliante se portoit bien, il dit, elle est donc inhabile à succeder à la pension d'un homme qui se portoit mal. On eut recours à Monsieur Fouquet, le mécène des gens de lettres. Il donnoit feize cens livres de penfion à Scaron, peut-être les eût-il continuées à la veuve fi on ne lui eût dit que le Maréchal d'Albret, étant favori de Madame Scaron, il ne pouvoit rien en efpérer : Villarceaux fe flatta davantage, ce ne fut pas en vain à ce que prétend la compagnie de Ninon l'Enclos, qui fait tenir ce propos à cette fille célébre. » Je ne fçais rien, je n'ai rien vû ; mais » j'ai fouvent prêté ma chambre jaune » à elle & à Villarceaux. »

1661. Ses amis, après la mort du Cardinal Mazarin, revinrent à la charge & préfenterent fi fouvent des placets au Roi ; que fatigué de les voir il n'y répondoit, qu'en difant, entendrai-je donc toujours parler de la veuve Scaron, enforte que pour défigner un importun, on le nomma Madame Scaron. Le hazard néanmoins fit ce que toutes les follicitations ne pouvoient, La Reine mere, ayant prononcé par hazard le nom du burlesque Scaron, le Baron de la Garde saisit ce mot, pour lui représenter que son malade avoit laissé une veuve très-belle, dont la vertu luttoit contre l'adversité. Tous les Courtisans se réunirent & parlerent si bien en sa faveur que la Reine céda à leurs prieres, & accorda quinze cents livres de pension à la veuve. A cette occasion une Dame de la Cour dit, oh! pour cela si S. M. vouloit donner une pension aux plus beaux yeux & à la plus grande coquette de Paris, elle ne pouvoit mieux choisir. Madame de Maintenon le sçut & ne pardonna jamais ce trait de malice.

Les satyriques eurent beau jeu en la voyant quitter son Couvent pour se retirer à l'Hôtel d'Albret. Ce fut là qu'elle rencontra un maçon qui lui prédit, à ce qu'on prétend, son élevation & tout ce qui devoit lui arri-

ver ; quoiqu'on tienne cette circon-
ftance de Mademoiselle d'Aumale ,
pour qui Madame Maintenon n'eut rien
de caché ; je doute fort qu'on y doive
ajouter foi. Au refte, Barbet ne put
voir l'effet de fa prédiction, il mourut
avant, & en cela il fe trompa. Un
peu de réflexion fur l'ambition de notre
veuve, le fit Prophête.

1666. La mort de la Reine-mere replon-
gea de nouveau dans la difette Madame Scaron, puifqu'elle la priva de fa
penfion. La Maréchale d'Albret, la
Ducheffe de Richelieu chercherent à
lui affurer une fortune plus ftable, mais
jamais Madame Scaron ne voulut paffer
du lit d'un gouteux dans celui d'un hy-
dropique. Ninon l'Enclos lui offrit fa
table & fa maifon ; mais une femme
jaloufe de fa réputation ne trouva pas
à fon gré un pareil azyle : elle la vit
fouvent, mais fans fe fixer chez elle,
quoique fes fecours lui fuffent fort uti-

les ; car elle commençoit à devenir à
charge à tous ses anciens amis, qui
s'ennuioient de voir une femme toujours armée d'un placet : se voyant
sans ressource, elle consentit à suivre
la Princesse de Nemours, devenue Reine
de Portugal. Avant de partir elle voulut faire un adieu qui dérangea heureusement ce projet. Elle confia à une
amie, que le dépit d'être protégée inu-
tilement par Madame de Richelieu, &
honteusement par Ninon l'Enclos, l'o-
bligeoit à quitter la France. On lui
conseilla de s'insinuer auprès de Madame de Montespan, qui étoit maîtresse
de Louis XIV. & pouvoit tout sur
son esprit : elle en étoit connue, l'ayant
vûe plusieurs fois à l'Hôtel d'Albret.
Madame Scaron consentit volontiers à
faire cette démarche, & Madame de
Thianges, sœur de Madame de Montespan, s'offrit à la présenter. Notre
veuve qui connoissoit le foible de tous

les cœurs, dit à la favorite, que prête
à quitter la France, elle avoit voulu
en voir encore une fois la merveille.
Ce compliment flatta Madame de Montefpan, elle entra dans certains détails
qui l'attendrirent fi bien qu'elle voulut
fe charger de donner un placet pour
elle au Roi. Les placets de la veuve
Scaron alors reparurent : S. M. dit en
riant, eh quoi encore la veuve Scaron?
En vérité, Sire, dit Madame de Montefpan, il y a long-tems que vous ne
devriez plus en entendre parler : il eſt
étonnant que vous n'ayez rien fait pour
une femme qui mérite un meilleur fort.
Le Marquis d'Alincourt, le protecteur
des malheureux, appuia la demande
& fit valoir les actions de fes ancêtres;
ce qui étoit affez inutile. Le Roi ne
cherchoit qu'à plaire à fa maîtreffe;
ainfi la main qui préfenta le placet le
rendit agréable. La penfion fut accordée & le voyage rompu. Madame Sca-

ron fût remercier fa bienfaitrice qui la
trouva fi fort à fon gré, qu'elle voulut
la faire connoître au Roi : le Prince M. de Vol-
la reçut fort bien ; il lui dit, Madame, taire, fiécle
je vous ai fait long-tems attendre, j'ai de Louis
été jaloux de vos amis, j'ai voulu avoir XIV.
feul ce mérite auprès de vous.

Madame de Scaron fe voyant deux
cens piftoles de rente, accepta un appartement à l'Hôtel de Richelieu, continua à faire fa cour à Madame de Montefpan, & fe fervit fi bien de fon efprit
& de tous fes avantages qu'elle gagna
entiérement fa confiance. Comme elle
craignit qu'on ne lui attribuât les foibleffes de fa protectrice, elle fit la dévote, & prit le Directeur à la mode. Il
la mena d'abord fort loin ; mais femblable à un finge, elle ne prit bien-tôt
que les ridicules de fon Directeur :
c'étoit l'Abbé Gobelin, qui de Capitaine de Cavalerie étoit devenue Docteur de Sorbonne ; c'étoit un fort hon-

nête homme , mais qui s'avilliſſoit par
humilité & déraiſonnoit par ſcrupule ,
il travailla pendant 30 ans à devenir
Evêque ; ce fut envain malgré la faveur
de Madame de Maintenon , Madame
Scaron s'ennuia tellement des minuties
auſquelles il l'aſſujettiſſoit , qu'après
avoir pratiqué tout , elle parvint à dou-
ter de tout ; elle prit pour des chime-
res, des vérités qui la fatiguoient, parce
qu'on ne lui recommandoit que les
pratiques frivoles. Cette femme qui
tous les jours alloit à dix meſſes, n'y
fut plus que les Dimanches , mais ſeulement par uſage & comme les grands y
vont. Il fallut que l'Abbé Gobelin s'ac-
commodât à tout. L'eſpérance d'avoir
un Evêché lui fit dire qu'elle pouvoit
s'employer à cacher les foibleſſes de Madame de Monteſpan, & dans la ſuite, que
pourvu qu'elle parût dévote aux yeux
du public , elle pouvoit occuper une
place que les dévotes peuvent en-

vier, mais qu'elles n'acceptent jamais.

Madame de Montespan avoit plusieurs enfans de son commerce adul-
tere, il falloit les élever comme ceux
d'un Roi, & néanmoins cacher au public qui ils étoient ; car pendant plusieurs années cette favorite fut aussi at-
tentive à cacher ses foiblesses qu'à faire
montre de sa faveur : souvent elle ac-
couchoit dans un lieu écarté ; ceux qui
étoient nécessaires y entroient les yeux
bandés & ne sçavoient point qui ils ser-
voient. On mit Madame Scaron du sé-
cret, on la nomma gouvernante : son
amour-propre souffrit de ce titre ; elle
dit qu'elle vouloit bien être gouvernante des enfans du Roi, mais non de ceux
de Madame de Montespan. Quoique le
choix déplut au Prince, il se fit pourtant connoître pour pere. Alors Madame Scaron ne souffrit plus de se charger des enfans que Madame de Montespan lui remit, & dont on savoit qu'elle

étoit mere. On loua une maison dans le
Fauxbourg S. Germain, Madame Scaron
s'y retira, y vécut seule ; innaccessible à
tout le monde hors à quelques amis , qui
n'étoient point cependant du secret : ce
qui leur fit soupçonner que la gouvernante pouvoit bien être la mere des or-
phelins qu'elle élevoit. Ayant demandé
pour aide Mademoiselle Balbien, ses parens lui répondirent que cela sentoit trop
mauvais , & que c'étoit là l'ouvrage de
quelques-uns de ses Amans. D'ailleurs,
Madame Scaron s'attacha tellement à
ces enfans, que les curieux s'imaginè-
rent que la tendresse maternelle trahis-
soit le secret. Lorsqu'on la vit incon-
solable de la mort de l'aîné , on disoit
sourdement qu'on ne pleuroit pas ainsi
les enfans des autres. On s'imagine aisément que la fierté de Madame Scaron
souffroit fort de ces propos, mais l'espérance d'avoir du Roi quelques graces, qui lui procureroient une vie aisée,
la dédommageroit des soins , des fati-

gues qu'elle avoit. Pendant long-tems
elle n'eût que deux mille livres de penfion pour prix de fa liberté, mais quoique l'averfion du Roi augmenta à chaque fois qu'il là voyoit avec fa maîtreffe, néanmoins notre précieufe, car
c'eft ainfi que le Prince l'appelloit, mit
fi bien à profit les bienfaits qu'elle reçut,
que bientôt elle fe trouva en état d'acheter la Terre de Maintenon : deux bons
mots du Duc du Maine fuffirent pour
faire cet achat.

Pendant long-tems Madame de la
Valliere * eût les honneurs de Maîtreffe
du Roi, & Madame de Montefpan le
profit & les plaifirs. La premiere s'en
ennuya, n'efpérant plus ramener un
cœur qui avoit eu le tems de l'oublier,
elle fe fit Carmelite. Alors l'état de
Madame de Montefpan changea ainfi
que celui de fes enfans : pour y prépa-
rer le Public, le Roi avoit d'abord fait

1674

---

* Sa Vie fera dans le Tome VI.

venir à la Cour Madame Scaron, où on la soupçonna moins d'élever des Princes que de servir les plaisirs du Maître, au reste, toute leur conduite fut un myſtère. Le Roi jaloux de voir ſa Maîtreſſe ſe plaire plus avec la gouvernante qu'avec lui, la prit ſi fort en averſion, qu'il exigea de Madame de Monteſpan qu'elle ne la verroit plus le ſoir, qui étoit le tems où on avoit de longs entretiens & ſouvent des débats ; car Madame de Monteſpan qui lui confioit tout avec amitié, lui faiſoit pourtant eſſuyer tous les caprices de ſon ſexe, toutes les inquiétudes de ſa place, & néanmoins lui ſacrifioit les promeſſes qu'elle faiſoit au Roi, car s'il en exigeoit, c'étoit parce qu'il ſoupçonnoit la confidente de verſer en elle l'eſprit d'intrigue, & ce goût de ſavoir qui déplaiſoient fort au Prince & au Galant. Madame Scaron, de ſon côté, faiſoit ſentir à ſa bienfaitrice, qu'elle devoit tout au Roi, qu'elle étoit gouveruante de fes enfans & non des fiens, & que ce titre étoit fupérieur à celui de maîtreffe ; cependant toutes fés brouilleries firent naître entre ces trois perfonnes, cette intimité qui eut des fuites fi fingulieres.

Un Charlatan ayant forcé la nature, en allongeant une jambe à l'enfant connu dans la fuite fous le nom de Duc du Maine , Madame Scaron qui l'avoit mené à Anvers, où il avoit paffé pour fon fils, en fut récompenfé de cent mille francs. Madame de Montefpan lui avoit fait donner deux mille livres de penfion, le Roi en ajouta quatre mille ; peu à près il la gratifia de nouveau de cent mille francs, parce qu'ayant dit au Duc du Maine qu'il le trouvoit fort raifonnable ; l'enfant qui fçut toujours faire des réponfes à propos, répondit : comment ne le ferois-je pas ? Je fuis élevé par la raifon même.

Dès que la naiffance des enfans de

Madame de Montespan ne fut plus un
myſtère, le Roi eut plus occaſion de connoître le caractere de Madame Scaron ;
obligé de la tolérer quelquefois à des
ſoupers particuliers, peu-à-peu il s'ac-
coutuma à la trouver de bonne compagnie : « car, dit Madame de Sévigné,
» elle a l'eſprit aimable, & merveil-
» leuſement droit, c'eſt un plaiſir de
» l'entendre raiſonner, elle eſt habillée
» modeſtement & magnifiquement ; elle
» eſt aimable, bonne, & négligée. »
Ce qui flatta beaucoup le Roi, ce fut la
fierté de la gouvernante, qui ne vouloit
reconnoître d'autre maître que lui : car
dans le tems qu'il diſoit à Madame de
Montespan, qui commençoit à devenir
jalouſe, ſi elle vous déplaît, que ne la
chaſſez-vous ; n'êtes-vous pas la maîtreſſe ? Il délivroit Madame Scaron du
joug, en voulant qu'elle ne rendît compte
qu'à lui de l'éducation des Princes : ce
qu'elle faiſoit de ſi bonne grace, que le

Roi bientôt ne redouta plus la conversation du bel esprit ; ainsi le goût qu'il
prit pour elle, ne fut point l'effet subit
du hazard, elle plut insensiblement au
Prince. Cette passion fut l'ouvrage du
tems & de la réflexion, par conséquent
elle fut plus durable. Madame Scaron,
en femme d'esprit, la nourrit par les tra-
verses & parce qui l'irrite. Elle se montra indifférente & assez pour qu'on crût
la place imprenable, mais seulement
afin qu'on prît plus de moyens pour la
réduire, & que cette victoire flata davantage, qu'une qu'on auroit remporté
aisément. Elle ne songea pas à supplanter ouvertement sa bienfaitrice ; car
dans le commencement de sa fortune,
sûrement elle ne se flatoit pas assez pour
espérer de la remplacer, mais du moins
elle songea à en dégoûter le Roi. Pour
que cela lui fût plus facile, elle faisoit
la même manœuvre avec Madame de
Montespan. Elle la tourmentoit par

des réflexions sur ses devoirs, ensorte
que Madame de Montespan, quelquefois effrayée, couroit aux pieds d'un
Prêtre y déplorer ses foiblesses. Mais
cela duroit peu, au sortir de recevoir
son Créateur, elle alloit se jetter dans
les bras d'un homme, qui de son côté
faisoit aussi des promesses, que sa foiblesse ne lui permettoit pas de tenir.
D'ailleurs, il trouvoit Evêque & Confesseur qui savoient s'accommoder à tout.
Bossuet croyoit porter à la maîtresse un
congé dans les formes, c'est une Lettre
très-passionnée ; il en rapporte la ré-
ponse, il découvre enfin qu'il fait ce
que Vardes auroit rougi de faire : il
s'appaise lorsqu'on lui apprend qu'il aura
pour récompense la charge de premier
Aumônier de Madame la Dauphine :
c'est ainsi qu'on trouve des hommes partout. Madame Scaron paroît indignée,
mais en femme qui ne veut point renoncer à la partie, n'ayant pu obtenir une

rupture entiere ; elle engage nos Amans à s'entenir à l'amitié, pour ſe rendre néceſſaire , & pour conſerver une place qu'elle paroiſſoit dédaigner. Son crédit n'étoit pas encore affermi : ſi on eut entierement diſgracié la mere , ſes enfans pouvoient s'en reſſentir : il étoit naturel d'éloigner de ſes yeux, ce qui eût rappellé le crime & la honte.

Madame Scaron n'étoit pas ſans crainte, mais elle ſe raſſuroit en étayant ſa fortune ; un bon mot du Duc du Maine lui avoit valu cent mille francs , une fiévre qu'il eut, lui en fit avoir encore autant. Prudemment alors elle paroiſſoit être contente & ne plus rien déſirer , mais qui ne ſait que la bonne chere fait naître l'appetit. Elle acheta deux cents cinquante mille livres la Terre de Maintenon qui ne produiſoit alors que neuf à dix mille livres de rente. Il y avoit bien de quoi ſatisfaire l'ambition d'une femme qui en avoit déja ſept à huit

d'ailleurs , & qui dix ans avant s'étoit
trouvé à la mendicité ; mais comme
cela lui avoit peu couté à acquérir , elle
pensa qu'il lui falloit encore avoir de quoi
entretenir & embellir sa Terre ; elle ne
fut pas trompée dans son attente , puisque lorsqu'elle la donna à la Maison de
Noailles , elle produisoit plus de 50000
livres de rente.

Le Roi , jaloux d'abattre la fierté ,
l'orgueil de cette femme forte ne s'appercevoit pas qu'il lui tendoit des pié-
ges où il étoit prêt à se laisser prendre.
1674. Pour faire oublier son premier état, il lui
4 Février. dit de se faire appeller Madame de Maintenon, ce nom passa bien vîte de bou-
che en bouche , parce qu'il la nommoit
ainsi publiquement. Depuis ce moment
sa faveur augmenta de jour en jour , &
les plaisans ne l'appellerent plus que
Madame de *Maintenant* ; elle mena
M. le Duc du Maine à Barége , & partagea avec lui les honneurs du voyage,

mais aussi les peines : car dix-sept accès de fiévre le réduisirent à l'agonie ; Fagon le tira de cet état, & la gouvernante d'inquiétude ; car elle ne sçavoit si après ce coup elle eut dû se présenter au Roi. Cette maladie fit la fortune du Médecin & affermit celle de la gouvernante, car le Roi lui tint bien compte des soins qu'elle avoit pris, mais aussi la mere ne la vit plus qu'avec des yeux de dépit & de jalousie. L'amitié qu'elle feignoit d'avoir encore pour elle n'étoit plus qu'un piége ; » cette belle » amitié de *Quanto* avec son amie, dit » Madame de Sévigné, est une véritable » aversion. Depuis deux ans c'est une » aigreur, c'est une antipathie : c'est du » blanc, c'est du noir, vous demandez d'où vient cela ? C'est que l'amie » est d'un orgueil qui la rend révoltée » contre les ordres de *Quanto*, elle n'aime pas à obéir, elle veut bien être » au pere & non pas à la mere. »

Au reste, Madame de Maintenon voyant sa fortune étayée, se consoloit des froideurs de Madame de Montespan ; celle-ci se répentoit trop tard, d'avoir, à l'exemple de *Madame*, fait connoître au Roi une personne pour la supplanter : sa Cour étoit déserte pendant que Madame Maintenon se voioit environnée de tous les Courtisans, les uns lui baisoient la main & les autres la robe : ce qui fit que ce proverbe, *les honneurs changent les mœurs*, fit son effet en elle: néanmoins au dehors, elle conservoit des égards pour Madame de Montespan, elle lui témoignoit toujours beaucoup de respect & parloit toujours devant elle vertu. Mais sa rivale sçavoit à quoi s'en tenir, voyant que le Roi ne l'abandonnoit les nuits que pour courir à sa nouvelle conquête. Elle lui avoit plus coûté que les autres ; ainsi il en étoit plus jaloux.

Ce n'étoit pourant que dans le parti

culier que Madame de Montespan faisoit
ressentir à celle qui la supplantoit, les
effets de sa haine. Connoissant sa fierté,
elle lui rappelloit qu'elle n'étoit que sa
domestique, de-là naissoient de nouvelles aigreurs qui faisoient dire au Roi,
qu'il lui seroit plus aisé de donner la
paix à l'Europe que de la donner à deux
femmes. Comment l'eût-il pu ? Puisque
lorsqu'il étoit pris pour arbitre de leurs
différens ; rarement il condamnoit Madame Maintenon. Malgré cela, celle-ci
ménaçoit quelquefois de quitter la
Cour, mais ce n'étoit que pour y être
retenue avec plus d'ardeur : elle sçavoit qu'elle étoit devenue nécessaire au
Roi, qui s'ennuioit partout, hors avec
elle. Le Marquis de Chevreuse, qui,
selon la gazette médisante, lui avoit
donné la premiere leçon d'amour, lui
avoit aussi appris qu'à la Cour les ab-
sens sont bien-tôt oubliés ?

Madame Maintenon n'avoit pas encore cet esprit philosophe, qui lui fit dire dans ses vieux jours que pour chercher le bonheur, il ne falloit pas vivre à la Cour : la fortune lui étoit encore trop favorable pour lui tourner le dos : Le Roi faisoit des dépenses extrêmes pour embellir Maintenon ; ainsi que par tout ailleurs il y voulut vaincre la nature : mais cela ne sert souvent qu'à hâter la ruine de celle pour qui on travaille : pour s'affermir, il falloit élever sa famille ; c'est à quoi Madame Maintenon songea.

Une personne en faveur ne manque jamais de parens, Madame Maintenon n'en méprisa aucun ; mais elle ne se ressouvint que de ceux qui ne l'avoient point méconnue dans son état de bassesse. Elle avoit un frere qu'elle affectionnoit fort ; elle voulut s'en servir pour relever le nom de d'Aubigné. Elle ne pouvoit en faire un homme de mérite, elle en fit un homme riche, quoiqu'il

eût coutume de dépenser en un moment des sommes qui coûtoient des
mois de sollicitations à sa sœur ; ensorte qu'elle n'avoit d'inquiétudes que
pour sçavoir comment elle lui trouveroit de l'argent : ce glouton, sans
mœurs, fit la folie de dédaigner une
femme que Louvois lui offroit , & deux
veuves qui à la beauté joignoient la
richesse pour épouser en secret la fille
d'un Procureur sans biens, sans beauté.
Sa sœur en rougit pour lui , & lorsqu'il fallut la présenter, jamais son orgueil ne souffrit tant. Voyant la chose
sans remede , elle l'envoya dans son
Gouvernement de Coignac , qui valoit
dix mille livres de rente ; mais comme cela eut à peine suffi pour le nourrir
une semaine, sa sœur pour fournir à son
entretien oublia ses promesses, elle fit des
entreprises , protégea des Entrepre-
neurs, & rendit tout venal. Elle se sou-
venoit que n'étant que confidente de Ma-

dame de Montespan, elle avoit fait par
le canal de sa maîtresse, Daquin, premier Médecin, pour vingt mille écus:
qu'ainsi puisque l'argent faisoit tout il
falloit, sans hésiter se servir d'un moyen
si fort en usage. Brunet lui offrit cent
mille francs, il fut Fermier Général,
en un mot tous les emplois furent mis
à l'enchere; on prétendit même qu'elle
établit avec Madame de Montespan un
bureau d'adresses à Paris, où étoit le
tarif des graces; ce qu'il falloit donner pour parler à M. Colbert, à M. Louvois, pour présenter un Placet au Roi.

On ne doute point que ce dernier
trait ne soit une exagération, mais il
donnoit au moins une idée des désordres
que causoit cette venalité. On en murmuroit hautement, & d'Aubigné en
rioit. Pontant un jour au pharaon, il
couvrit les cartes de monceaux d'or
sans compter. Le Maréchal de Vivon-
ne, frere de Madame de Montespan,

étan

étant entré , s'écria à cette vûe ; il
n'y a que d'Aubigné qui puisse jouer
si gros jeu ; c'est, repliqua-t-il brusque-
ment, que j'ai eu mon bâton en argent. Quoique par sa conduite il fut
méprisé du Roi, & bafoué par les courtisans ; ou comme dit la Bruyere, qu'il
fit envie & pitié ; il ne s'appliqua qu'à
augmenter le ridicule que sa conduite
lui donnoit ; mais comment s'en fut-il
apperçu ? Puisque tout lui réussissoit.
Un homme de mérite eut été obligé
d'affronter cent fois la mort, d'essuier
mille dangers, de ramper devant Ministres & maîtresses pour parvenir ;
encore peut-être n'eut-il pas réussi ? Et
lui sans talens, sans figure, sans esprit,
sans mœurs, sans autre mérite que celui
de traiter avec inhumanité les Calvinis-
tes, autrefois ses freres, il eut le Gouvernement de Berry, & fut fait Chevalier des Ordres du Roi. Qu'on juge
par-là de l'ascendant que sa sœur avoit

sûr l'esprit d'un Roi , qui n'avoit jamais eu égard qu'au mérite. Aussi toute la France se plaignoit , murmuroit. Louvois disoit hautement au Prince ; c'est Madame de Maintenon qui donne & fait tout, ou du moins qui s'en vante ; mais le Roi n'avoit pas la force de se plaindre ; un regard , un mot le désarmoit, & bientôt Madame de Maintenon n'eut plus d'autre défenseur que lui-même.

1679.   Madame de Montespan luttoit encore, le Roi la voyoit toujours, elle lui donna un fils , connu dans la suite sous le nom de Comte de Toulouse. De ce commerce vint une incommodité. Madame de Montespan voulut s'en éclaircir ; c'est ce qui la perdit dans l'esprit du Prince , qui déja dégoûté , saisit le mot pour se détacher entierement. Madame de Maintenon profita du dégoût, & comme elle n'avoit besoin, dit Madame de Sévigné , que de son esprit pour monter à tout, elle l'employa si

bien que le Roi la nomma Dame d'A-
tour de Madame la Dauphine , pour
que ce nom pût faire un peu oublier
celui qu'elle avoit auprès du Prince ;
ce nouveau titre néanmoins pensa la
perdre ; Madame la Dauphine ne pouvoit souffrir celle qu'on vouloit mettre à son service. Madame de Montespan s'unit à elle , ainsi que l'Abbesse
de Fontevrault pour la renverser , en
lui donnant des ridicules : les envieux
de sa place rappellerent ses amours avec
le Marquis de Chevreuse , ils ne la
crurent pas quoiqu'âgée, plus vertueuse. Alors ils débiterent qu'elle donnoit
au Roi pour rivaux un de ses domestiques & son directeur , traits que la
calomnie invente & que la maligni é
reçoit avec plaisir. Madame de Maintenon n'y opposa que son esprit & sa
prudence ; & avec cela elle se maintint.

Connoissant le foible du Roi , elle

voulut bien fe dire qu'une femme de cinquante ans ne pouvoit fuffire pour un homme qui recherchoit un amour fenfuel ; d'ailleurs il lui falloit des goûts paffagers. Perfonne ne pouvoit mieux lui en infpirer un, que Mademoifelle de Fontange. Elle étoit, dit l'Abbé de Choifi, belle comme un ange, mais fotte comme un panier ; ainfi une pareille rivale n'étoit pas à craindre. Madame de Maintenon qui fçavoit fauver tous les dehors, eût voulu que le Roi fît la même chofe, & qu'il fe contentât de plaifirs qui pour être fecrets n'en font pas moins vifs ; mais le Roi n'eut pas fa difcrétion. Néanmoins il communia à la Pentecôte, dit Madame de Sevigné ; mais cela ne fervit qu'à faire appeller le Pere de la Chaife, une chaife de commodité. Les devots crierent, oubliant que le retour du Roi avoit pu être auffi fincere que celui de David, mais qu'en avouant qu'il avoit

1680.

péché, il n'avoit pas eu le même courage pour ne plus pécher : la faveur de
la nouvelle maîtresse augmenta ; ce fut
l'idole de la Cour : Madame de Montespan devint furieuse, Madame Maintenon plus prudente garda le silence, &
laissa passer ce grand feu de paille. Elle
voyoit Mademoiselle Fontange insulter
à la Reine par la fierté, elle rampa au
contraire devant elle & lui fit connoître
en toute occasion qu'elle étoit sa sujette.
La singularité de la coëffure de Mademoiselle Fontange, qui mit la premiere ce que les femmes appellent des
fontanges, plaisoit extrêmement au
Roi ; Madame Maintenon, par le même motif, en choisit une dont l'élégante
simplicité la rendoit plus voluptueuse.
Sçachant qu'un voile lui prétoit des graces, elle restoit toujours à demi voilée.
Ses yeux ayant un brillant qui éblouis-
soit ; pour le faire mieux sortir, elle
n'employoit que des couleurs de feuille

morte. Sa propreté étoit extrême, &
ſa parure ſemblable à celle des dévotes
qui ſemblent tout négliger, & qui néanmoins ne donnent jamais place à une
épingle, qu'avec réflexion. Des jar-
retieres de ſoye auroit ridé ſa peau,
des coulans la lui conſervoient fine &
unie. Ainſi rien, comme on voit, né-
toit négligé. Ne pouvant rendre à ſon
viſage ſa première fraîcheur, elle prit
tant de ſoin de celle qu'elle avoit qu'elle
la conſerva long-tems ; par ſon induſ-
trie, elle ne parut jamais vieillir. On
traitera cela de petiteſſe, & moi je crois
que c'eſt eſprit : qu'une femme ſuive ſon
exemple, elle ſçaura toujours captiver
le cœur d'un mari : & pourquoi une
femme a-t-elle moins à plaire à ſon
mari, qu'une fille à ſon amant ?

Mademoiſelle Fontange étant devenue groſſe, le Roi l'accabla de bienfaits & la fit Ducheſſe. Mais tout cela
ne ſervit qu'à hâter ſa perte. Madame

de Montespan ne put souffrir que le Roi ne revînt à elle que par habitude, si l'on en croit la gazette médisante, elle fit empoisonner sa rivale : néanmoins on peut regarder sa mort naturelle. Ses couches ne furent pas heureuses, il lui resta une langueur qui la mit au tombeau après trois mois de souffrances, elle mourut dans un Couvent au Fauxbourg Saint Jacques, à l'âge de vingt ans. Ainsi son âge & son regne furent comme celui des roses ; il en eut l'éclat & la durée. Le Roi la pleura, & pour faire connoître qu'il la regrettoit, il maria avantageusement une de ses sœurs, donna une riche Abbaye à un de ses freres, & accabla sa famille de bienfaits, ce qui mortifia extrêmement Madame de Montespan qui montra trop de joye de sa mort, pour n'être pas soupçonnée d'y avoir eu part.

Madame Maintenon, plus politique,

se servit du chagrin qu'en eut le Prince pour l'engager à renoncer aux intrigues amoureuses; elle ne lui refusoit rien, mais c'étoit pour l'en rassasier, afin que peu à peu il s'accoutumât à aimer en Philosophe : comme il aimoit naturellement la gloire & les plaisirs, il fut charmé de trouver une maîtresse qui sçavoit si bien flatter son ambition & son amour, & qui dans les conversations les plus amoureuses sçavoit mêler les maximes de la morale, à celles de la fine & la plus haute politique. Comme la passion de ce Prince fut fondée sur l'esprit, plutôt que sur la beauté ; elle ne finit qu'avec ses jours. La mort de la Reine ne la fit qu'augmenter. Le Roi fut médiocrement affligé de cette perte, jamais il ne l'avoit qu'estimé parce qu'elle étoit plus propre à être Carmelite, qu'à monter sur le trône. Elle avoit pour mari un homme voluptueux, on lui fit croire qu'il falloit par cette

30 Juillet
1683.

raifon le priver des plus légitimes plaifirs. On fçait ce qu'il en arriva.

Madame Maintenon parut pleurer
beaucoup la Reine : en femme d'efprit
elle avoit pris le contre-pied de toutes
les maîtreffes du Roi. Elle s'appliquoit
à lui faire oublier par fes bonnes manieres tous les chagrins que les autres
avoient pu lui caufer. Elle eut toujours
pour Sa Majefté tous les égards dûs à
fon titre d'époufe & de Reine : ce qu'il
l'avoit fi bien mis avec la Reine, qui
s'étoit apperç que le Roi, depuis la
faveur de Madame Maintenon, avoit
plus d'attention pour elle, qu'en mourant elle tira fa bague du doigt, & la
lui donna. La religion eut part à cette
action plus que toute autre chofe. Elle
vouloit, en mourant, montrer au Roi
qu'elle n'avoit jamais cherché qu'à lui
plaire, & que fa conduite ne lui laiffoit aucun reffentiment.

Depuis la mort de la Reine, le Roi

C v

fut plus libre avec Madame Maintenon ,
il faifoit des petits voyages où perfonne ne le fuivoit que fa favorite, il
donnoit même à Madame la Dauphine
le chagrin de lui interdire le lieu où il
alloit ; il vouloit être feul, & il le difoit hautement. Tout lui déplaifoit s'il
ne s'entrenoit, ne jouoit, ne s'amu-
foit avec Madame Maintenon : en un
mot, il ne pouvoit plus vivre fans elle.
Il trouvoit une femme uniquement occupée à lui plaire, & qui réparoit ce
qu'elle avoit perdu d'agrémens par tout
ce que l'art de la parure avoit de plus
ingénieux. Modefte, elle gardoit, ob-
fervoit toutes les bienféances avec le
fcrupule d'une dévote ; rien ne faifoit
tant fouffrir fon amour-propre que les
rendez-vous que le Roi lui donnoit à
Saint-Cloud, à Marly, où il reftoit en-
fermé feul avec elle pendant quatre à
cinq jours.

La Ducheffe de Richelieu, ayant

ſubi le joug impoſé à toutes les créa_
tures, le Roi voulut nommer Madame
de Maintenon Dame d'honneur de Ma_
dame la Dauphine ; mais elle ſe rendit
affez de juſtice pour convenir que cette
dignité, rempli conſtamment par une
femme de condition, n'étoit pas faite
pour elle : d'ailleurs elle ſavoit qu'elle
n'étoit point agréable à Madame la Dauphine, qui ne la ſouffroit que par la politi_
que ; ainſi elle ſe fit un mérite de ſa prudence. De plus, le but de Madame de
Maintenon étoit de ſatisfaire ſon ambition ſans la remplir : contente qu'on lui
eût offert une place, elle la dédaignoit
pour pouvoir aſpirer à une autre. Elle
aimoit tout ce que les autres n'ont pas
coutume de faire ; ainſi comme il eſt
moins ordinaire de refuſer que d'accepter, elle prenoit ce parti. Maîtreſſe du
cœur du Roi, elle ſavoit bien s'en prévaloir pour s'accréditer ; on la vit ſouvent comme ces Miniſtres, qui, pour

C vj

se rendre nécessaires , brouillent les cartes.

Le Roi étoit d'un caractere à n'être jamais oisif, il falloit qu'il fût toujours occupé ; mais en tout il cherchoit à paroître grand. Madame Maintenon voulut qu'il parût dévot, pour cela il fallut bannir les fêtes , elles devinrent du moins si rares , que tout prit bientôt à la Cour un air sérieux. Le Roi n'eut plus de conversation qu'avec sa Maîtresse , le P. de la Chaise , Bossuet & d'autres de leur caractere. Dans ce petit Conseil, on résolut la ruine des Huguenots , pour que Louis XIV pût un jour être comparé à un Théodose. Louvois découvrit le secret de ces conférences : pour qu'il ne fût pas dit qu'on eût fait quelque chose sans son avis, il fut assurer au Roi qu'il avoit en main de quoi le rendre absolu dans son Royaume , & que le seul moyen étoit de rendre tout Catholique. Sans autre Délibération , le Prince ré-

voqua l'Edit de Nantes (1) & fut assez
infortuné pour ne pas trouver à la Cour
un homme. Il n'y eut que le Valet-de-
Chambre du Duc de la Rochefoucault
qui osa prédire tout ce qui arriveroit.
Les suites firent voir trop tard qu'il avoit
raison. Louis put avoir des intentions
justes ; que servent - elles dès qu'elles
sont mal exécutées ? Madame de Maintenon n'aimoit que l'extraordinaire,
ainsi elle croyoit le couvrir de gloire en
soumettant au Pape la moitié de la
France. Mais qu'arriva-t-il de ce parti
pris sans conseil, sans réflexions ? mille
désordres , auxquels on n'a pu remédier
après quatre-vingts ans. Pour servir un
Dieu de paix , on remplit les Provinces
de désolations , on arracha les enfans
du sein de leurs meres. Les Livres-Sa-

---

(1) L'Edit avoit été donné en faveur des
Protestans , par Henri IV. en 1598. Il fut ré-
voqué par un Edit du mois d'Octobre 1685.

crés furent brûlés par la main du Bou-
reau, car on confondit tout. Des Gen-
tilhommes furent mis au nombre des
Forçats pour avoir refufé de profaner
des Sacremens. Des femmes furent
ignominieufement rafées pour avoir
chanté les louanges de Dieu en leur
Langue naturelle ; les Pafteurs pour n'a-
voir pas abandonné leurs Troupeaux
aux Loups dévorans, ou plutôt, par-
lons fans figures, tous leurs Miniftres ex-
pirerent fur la roue pour avoir ravi à la fureur des Miffionnaires bottés, leurs Brebis : les Vieillards traînés à l'Autel par
un Soldat, qui, en blafphêmant, leur or-
donnoit de recevoir fon Dieu ; les mou-
rans perfécutés jufques dans leurs derniers momens, n'exciterent plus la compaffion des Juges. Des Vierges violées
entre les bras de leurs meres, des Citoyens brûlés dans leurs maifons ne purent être vengés. Leurs Juges étoient
des Apôtres qui faifoient maudire aux
Huguenots un Dieu fi fanguinaire.

Je n'ai rien exaggé : jai emprunté ce tableau de l'Apologiste de Madame de Maintenon, qui ne voit en elle qu'un excès de zele & qui doit être justifiée dès qu'on aura dit que le Roi fut surpris, & qu'elle ne voulut pas s'employer pour qu'on modérât les rigueurs extrêmes qu'on exerça, crainte qu'on ne rappellât au Roi qu'elle avoit été Calviniste, & qu'elle pouvoit l'être encore. Le Comte d'Avaux eut plus de courage. Ayant écrit au Roi que les pays étrangers se peuploient de François, & que tout l'argent sortoit du Royaume, le Prince lui répondit que son Royaume par-là, se purgeoit. L'Ambassadeur lui répliqua que le purgatif le rendoit éthique. N'avoit-il pas raison de tenir ce langage, en apprenant que huit cens mille familles sortirent du Royaume & qu'il en périt la moitié par l'inhumanité des Chefs, des Intendans préposés pour fair exécuter l'Arrêt. Le Roi en ayant appris quelques traits, crut être absout de tout en disant : *J'espere qu'on ne m'imputera pas des violences que je n'ai point ordonnées.* Mais voilà le malheur des Rois : ils ne font jamais tout le bien qu'ils pourroient & voudroient faire, & font presque toujours par autrui plus de mal qu'ils n'ont intention d'en faire.

Pendant que les Provinces gémissoient, le Roi & Madame de Maintenon rouloient bien d'autres desseins. Cette habile femme avoit trouvé le secret de faire naître des scrupules dans l'esprit de S. M. Elle savoit que le sort de la Maîtresse d'un Roi est toujours chancelant ; l'amour pur de la Valliere, l'esprit de Mancini, la beauté de Mademoiselle Fontange, les charmes, la fécondité de Madame de Montespan, n'avoient pu fixer le cœur d'un Prince amateur du plaisir. Madame de Maintenon, avec un visage ridé, pouvoit-elle s'en flatter ? Ainsi, il falloit donc l'enchaîner :

cela étoit affez difficile ; mais que n'obtient pas l'amour ? Madame de Maintenon fe laffa d'accorder des faveurs condamnées par la Morale Chrétienne. Elle n'avoit détaché Louis XIV. de Madame de Montefpan, qu'à force de lui répéter les paroles du Prophéte Natan à David, vous êtes cet homme qui a ravi cette brebis. Elle favoit que la réfiftance excite, irrite les defirs, & que la jouiffance caufe des dégoûts ; que l'apparence de la vertu donne des attraits au plaifir, ainfi en femme habile, elle réfolut de mettre en jeu tout ce qui pouvoit l'affurer de la perfonne de fon Amant. Elle l'étourdit & lui dit qu'un mariage clandeftin mettroit fa confcience & fon honneur en fûreté, oubliant que la vertu ne doit point avoir de voile qui puiffe la faire méconnoître, & que pour être juftifiée, il faut paroître réellement ce que l'on eft ; & que malgré cette précaution, elle ne feroit

jamais regardée que pour la concubine
d'un Prince, qui ne pouvoit faire finir
le fcandale qu'en la congédiant, la ren-
voyant de la Cour, ou lorfque le tems
auroit fait taire la médifance.

Madame de Montefpan, depuis long-
tems, n'étoit plus à la Cour que comme
une Pagode qu'on met fur une chemi-
née : cet ombre caufoit encore des
frayeurs à Madame de Maintenon ; elle
craignoit une femme dont les enfans te-
noient le premier rang à la Cour ; l'aînée étoit femme du premier Prince du
Sang ; la cadette, avoit époufé le Duc
de Chartres ; le Duc du Maine époufa
la fille de M. le Prince, ainfi le Comte
de Touloufe, qui étoit Amiral de France, ne pouvoit fe méfallier. Tous ces
fupports pouvoient foutenir la mere :
pour être tranquille on la congédia entierement de la Cour ; à cette nouvelle,
Madame de Montefpan fut fort outrée
d'avoir fourni elle-même les armes qui

avoient caufé fa défaite, néanmoins elle
quitta la partie d'affez bonne grace.

Madame de Maintenon n'ayant plus
de rivale, triomphoit abfolument, & le
deftin de l'Etat fe décidoit dans fa
chambre. Le Roi avoit la foibleffe de ne
rien conclure fans la regarder avant, &
fans lui demander fon avis qui étoit toujours fuivi. Après cela, faudroit-il être
furpris que le Prince eût eu celle de l'é-
poufer. L'envie d'être Reine, la poi-
gnardoit depuis jong-tems, débuter
d'abord par cette demande, c'eût été
tout gâter. Elle commença donc par
vouloir un mariage de confcience; pour
fa tranquillité le P. de la Chaife, per-
fuada aifément le Roi. Le mariage fut
conclu & célébré, mais fi fecrette-
ment qu'il fut toujours problêmatique à
la Cour, & que perfonne ne la cru réel
en Province. En effet, pour le croire,
on a que de foibles raifons de probabi-
lité, il n'y eut aucune ftipulation, com-

me l'assure M. de Voltaire, & son témoignage vaut celui de l'Apologiste de Madame de Maintenon qui n'a osé fabriquer un contrat quoiqu'il assure qu'il y en eut un ; car il n'est pas , dit-il, vraisemblable que les deux époux n'aient pas exprimé leur consentement par écrit. Mais pour nier totalement le mariage , ne pourroit-on pas dire , est - il vraisemblable que Louis - le - Grand se soit abaissé jusqu'à épouser la veuve de Scaron ? mais le faire , dit-il, c'est ne mépriser qu'un préjugé. Mais ce préjugé est une loi dont un Prince peut s'écarter moins qu'un autre : parce qu'il y en a une , même naturelle , qui lui défend de se deshonorer : partout , il n'est plus problêmatique qu'un Prince se deshonore en épousant une femme de la lie du peuple. Louis-le-Grand étoit si persuadé que ce mariage étoit contraire à sa gloire, qu'il ne voulut pas qu'il restât la moindre preuve qu'il eût été. S'il y

eût eu une ſtipulation, un aɛte de mariage, Madame de Maintenon ne l'eût
pas laiſſé dans l'obſcurité : elle pouvoit
avoir des raiſons pour le tenir ſecret
pendant la vie de Louis XIV. Mais,
après ſa mort, les raiſons ne ſubſiſ-
toient plus, & une femme ſi amatrice
de la gloire, n'eût-elle pas produit un
aɛte qui la pouvoit juſtifier aux yeux de
la poſtérité, & qui ſeul pouvoit effacer
la honte attachée au concubinage.

Qu'on ne diſe point que ce fut mo-
deſtie : une Dévote eſt perſuadée qu'il
eſt d'obligation de réparer le ſcandale
qu'on a donné.

Quoiqu'il en ſoit, il eſt plus que pro-
bable qu'il y eut entr'elle & le Roi, un
mariage clandeſtin, le Marquis de la
Fare, qui peint avec ſa ſincérité ordinaire, dit qu'elle acheta une terre pour
avoir un nom convenable, qu'elle ſe fit
dévote parce qu'elle vieilliſſoit : que par
ambition elle inſpira au Roi des ſenti-

mens de piété, qu'elle affecta même d'a-
voir pour lui perſuader de l'épouſer; afin
d'échapperauxtroubles de ſa conſcience.

D'autres diſent, qu'on s'apperçut à
la Cour, que le Roi l'avoit épouſé au
peu de ménagement qu'elle gardoit avec
Monſieur le Dauphin & la Princeſſe
de Conti. Mais je n'apporterai point
ſûrement pour preuve, la réponſe du
Roi à Madame la Dauphine, qui pré-
tendoit avoir un fauteuil devant une
Reine étrangere, parce qu'elle tenoit
la place d'une Reine de France, quoiqu'elle ne lefût pas. Le Roi lui dit, pas
encore, pas encore; comment peut-on
conclure de ſes paroles en faveur de
Madame de Maintenon. Le Roi n'avoit-
il pas raiſon de faire cette réponſe, qui
faiſoit entendre à Madame la Dauphine
qu'elle ne pouvoit tenir la place de
Reine que ſon mari n'eût celle de Roi,
mais qu'il n'étoit pas encore puiſque
le Roi vivoit. Citer de pareilles preu-

ves, c'est découvrir la foiblesse de sa
cause. On demanderoit peut-être encore en quel tems ce mariage se fit ?
comme l'acte de la célébration ne se
trouve ni dans les archives de l'Archevêché où il doit être, ni dans celle de
Saint Cyr, ni ailleurs, on ne peut donner la date de cet étrange évenement.
On présume que ce fut environ vers l'an
1688, Madame de Maintenon avoit
pour lors 54 ans.

Notre Héroïne ayant décidé le Roi
pour le mariage, tenta de le rendre public, puisque si le Roi le faisoit, c'étoit la
déclarer Reine. Elle le persécuta fort
pour cela, & dans un de ces momens où
on ne refuse rien, S. M. promit, à ce
qu'on croit de consulter le P. de la Chaise, qui sans être Ministre en avoit tout le
pouvoir. Cet adroit politique ne voulant point irriter la Maîtresse, ni se charger de l'affaire, dit au Roi que dans une
affaire si délicate, il n'y avoit que M.

de Fenelon qui pût prononcer. Le Roi qui vouloit le secret, chargea le Jésuite de l'affaire. M. de Fenelon instruit, dit au Pere : Que vous ai-je fait pour me perdre ? Malgré cela, ce digne Mentor des Rois fut s'offrir aux yeux de son Maître, & lui déclara avec sa droiture ordinaire qu'il se couvroit de honte, en rendant son mariage public. Qu'un Prince devoit avoir encore plus de délicatesse de sentimens que ses sujets, qu'ainsi il ne pouvoit faire ce qu'il blâmoit en eux ; d'ailleurs, il lui fit voir les suites funestes de cette démarche, si bien que S. M. contente de la solidité de ses raisons, résolut d'en demeurer là, & fut toujours depuis inébranlable.

Madame de Maintenon, qui n'oublioit ni les injures, ni les bienfaits, ayant appris ce qui s'étoit passé, dissimula son chagrin, & songea à sa vengeance. L'occasion tarda à venir, mais enfin Bossuet, fâché que le Roi lui eut

préféra

préféré M. de Fenelon, pour l'éducation de Monfeigneur, la lui préfenta. Il
mit entre les mains de Madame de
Maintenon le livre des Maximes des
Saints de l'Archevêque de Cambray,
& le lui interpréta d'une façon qu'elle
ne douta plus que l'Archevêque ne fût
hérétique. Boffuet, content, s'unit à
elle. Elle le dénonça à S. M. qui, aux
follicitations des Intéreffés, exila M.
de Cambray.

Perfonne n'ignore la difgrace de l'Auteur de Télémaque ; il fuffit de dire ici,
que ce fut l'ouvrage de Madame de
Maintenon & de l'Evêque de Meaux, &
qu'elle ne fervit qu'à faire voir dans
tout fon jour la vertu de M. de Fenelon.
Néanmoins, plufieurs regardent comme un conte cette anecdote, & prétendent que jamais Louis XIV. ne confulta
M. de Fenelon fur ce mariage.

Le regne de Madame de Maintenon
manqua d'être de peu de durée. Louis

XIV. étoit attaqué d'une fiftule dans le dernier inteftin ; trifte fruit des travaux de Venus, & des fatigues que caufe le cheval. Il en fallut faire l'opération, ce qui mit fa vie en grand danger : heureufement qu'il échapa, fans quoi je ne fais fi on connoîtroit aujourd'hui Saint Cyr. Perfonne n'ignore la fageffe de cet établiffement, mais tout le monde imagine qu'on ne le doit qu'à Madame de Maintenon. Cependant elle n'eft en cette occafion que comme un Général qui a la gloire des actions des Officiers fubalternes : pourtant on ne peut cacher que fans Madame Maintenon, cette Maifon ne feroit point parvenue au point de grandeur où on la voit ; Madame de Brinon, peut juftement en être regardée comme la Fondatrice, & Madame de Maintenon peut paffer pour la bienfaitrice, fans y avoir rien donné du fien que la Terre de Maintenon, qu'elle a fubftitué aux Dames de Saint Cyr, au cas que la Maison de Noailles vînt à s'éteindre.

Madame de Brinon, Religieuse Ursuline, forcée de quitter son Couvent d'où les dettes la chafferent, se retira dans le Château de Montchevreuil. Pour remplir son vœu d'inftruction, elle affembloit tous les enfans des environs & leur apprenoit les élemens de la doctrine Chrétienne ; elle fut enfuite à Anvers où elle prit des penfionnaires. N'ayant pas affez de bien pour remplir son deffein, elle s'adreffa à Madame de Maintenon, qu'elle connoiffoit indirectement. Cette Femme célébre, aimant en tout la gloire & charmée d'avoir une occafion de fignaler son cœur bienfaifant, tranfplanta la petite communauté à Ruel dans une maifon qu'elle meubla & paya la penfion de plufieurs enfans. Elle se trouva bientôt trop refferrée dans ce lieu & fongea à s'en retirer. Noify, maifon bâtie par

Monsieur de Gondy, s'étant trouvé
enfermée dans le Parc de Versailles,
& étant inutile au Roi, qui en étoit
Propriétaire ; Madame de Maintenon
la crût favorable à son dessein, elle,
en parla au Roi, qui charmé de par-
ticiper à cette charité, lui accorda
volontiers cette maison, & même donna dix mille écus pour l'accommoder
d'une façon convenable. Mais malgré
les dépenses qu'on se proposoit d'y faire
on ne put en venir à bout ; ce qui détermina Louis le Grand à acheter la
maison du Marquis de Saint Brisson-
Seguier, près les Bénédictines de Saint
Cyr, qui ne voulurent point céder la
leur étant convenable, il fut résolu
que Sa Majesté doteroit cette maison
de cinquante mille écus de rente, à
condition qu'on y éleveroit gratuite-
ment deux cens cinquante Demoiselles
nobles, trente-six professes & vingt-
quatre converses ; dans la suite on a

dérogé aux deux derniers articles, il
peut y avoir quatre-vingt Religieufes ;
& que pour que cet établiffement ne fût
point à charge à la Couronne, le Roi
donneroit à cette Communauté la Maifon & Seigneurie de Saint-Cyr, & la
Manfe Abbatiale de Saint Denis, qui
étoit de cent quinze mille livres de
rente : ce qui plut beaucoup au public
auffi avide des biens monaftiques qu'on
préfume que les Moines le font de ceux
des particuliers. Le Roi donna encore
cinquante mille livres à prendre fur
les Domaines de la Généralité de Paris. Ainfi les fondemens de cette Maifon fe trouverent inébranlables. Le
Prince voulut que Madame de Maintenon en fût regardée comme Fondatrice & en eût les honneurs : on obéit ;
néanmoins, Madame de Brinon en fut
la premiere Supérieure. On ne pouvoit
lui refufer cette place ; mais Madame de
Maintenon n'y pût voir longtems fans

envie une femme qui fembloit lui dé-
rober la gloire de cet établiffement :
d'ailleurs elle avoit trop de mérite ;
ce qui faifoit ombrage au fien. Sa réputation s'étendit au loin, le Roi la goû-
toit fort, les Courtifans n'en parlerent
plus que comme d'un efprit fupérieur
& qui avoit l'éloquence de Bourdaloue.
Tout cela fit craindre à Madame de
Maintenon qu'elle ne devînt abfolue
dans cette Maifon, & que fon pouvoir
ne fût fubordonné au fien. Pour prévenir le coup, elle répandit que fa rivale
avoit tous les talens, hormis celui qu'il
falloit pour gouverner une Maifon fi
nombreufe. Elle mit en jeu tous fes
refforts & les fit fi bien jouer que le
Roi eut la foibleffe de céder à fa maîtreffe ; d'ailleurs il craignoit que la dif-
corde ne fe mît entre ces deux femmes,
& que la Maifon n'en fouffrît. Ainfi il
envoya ordre à la Supérieure de Saint-
Cyr de fe retirer : la façon dont elle

se comporta en cette occasion fait bien voir qu'elle méritoit cette place, & dément bien les Apologistes de Madame de Maintenon qui nous la représentent comme une femme brusque, impérieuse, avide de gloire & de biens. Elle reçut l'ordre avec soumission, ne parla à personne de son malheur, & sortit le lendemain de la Maison avec un air serain & content, du moins en apparence. La portiere la voyant sortir si matin, s'écria, » eh ! Madame vous allez » faire un voyage & nous n'avons pas » eu le tems de nous en affliger faute » de le savoir » paroles qui prouvent qu'elle emportoit les regrets de la Communauté, & qu'une Supérieure qui sçait se faire aimer a de bien grandes qualités. Pleine de religion elle ne laissa échapper aucune plainte contre celle qui la dépouilloit (1) » Madame de

____

(1) Elle mourut en 1701, dans l'Abbaye de Maubuison.

Lettre.
10 Décem.
1688.

» Brinon , dit Madame de Sévigné ,
» l'ame de Saint Cyr, l'amie intime de
» Madame de Maintenon n'est plus à
» Saint-Cyr, elle en sortit, il y a quatre
» jours ; elle est à l'Hôtel de Guise ,
» elle ne paroît point mal avec Mada-
» me de Maintenon ; car elle envoye
» tous les jours savoir de ses nouvelles :
» cela augmente la curiosité de savoir
» le sujet de sa disgrace ; le Roi lui don-
» ne deux mille livres de pension. »

Madame Brinon ayant donné sa dé-
mission sans contester, quoiqu'elle le pût
raisonnablement ; Madame de Maintenon y gouverna en femme absolue &
fit tous les réglemens qu'elle voulut
sans être contrariée. Les dévots seulement , & peut-être plusieurs gens de
bon sens, crierent contre les spectacles
qu'elle fit donner dans cette Maison :
spectacles qui nous ont donné *Esther*,
Athalie, & plusieurs poësies lyriques.
Peut être fut-ce un abus , mais où ne

s'en trouve-t-il pas ? Au reste , on doit
à Madame de Maintenon la justice de
dire qu'elle n'eut en vûe dans cet établissement que le bien de l'Etat, le sou-
lagement de la noblesse & des motifs
très-pures : ainsi je ne m'arrêterai point
à la disculper de tous les traits satyriques qu'on lança contr'elle en cette
occasion. L'amour de la gloire, plutôt
que celle du bien public l'animoit peut-
être ; mais pourquoi n'auroit-elle pas
pu réunir l'un & l'autre ? Il n'y a peut-
être pas un établissement qu'on doive
à l'humilité pendant qu'on en doit mille
à l'amour propre & à l'orgueil. Mais
que doit importer au public dès qu'il lui
sont utiles ? En effet en pouvoit-il désirer un plus nécessaire que celui qui donne
la vie à deux cens cinquante Demoiselles, dont les peres se sont ruiné pour
le salut de leur Patrie. On les y éleve
depuis l'âge de sept ans jusqu'à vingt,
on en fait des filles aimables , vertueu-

D v

ſes, thréſor pour l'Etat, qui les dote, & cela des deniers de l'épargne du Prince.

Pour que cette Maiſon n'eût rien à redouter des légeretés de l'eſprit humain, on ſoumit les Dames à la Regle de Saint Auguſtin. Le Pape approuva les conſtitutions & tout ce qui s'étoit fait. Jamais établiſſement n'a eſſuié moins de contradiction. Madame Maintenon voulut donner un habit ſingulier & que les Religieuſes fuſſent ſans guimpe : le Pape n'oſa refuſer. Lorſqu'on lui préſenta requête pour cela, il dit, on ne peut rien refuſer *à la Dame du Roi.*

Saint Cyr devint l'unique paſſion de la Fondatrice, ſouvent elle y alloit dès ſix heures du matin & ſe trouvoit préſente à tous les exercices pour voir s'il n'y avoit rien à corriger : ainſi il ne faut pas être étonné qu'à Saint Cyr où on ne la vit que ſous le beau dehors, on ait

fait de Madame de Maintenon une espece de Sainte. Ce jugement est aussi
raisonnable que celui du public quand
il l'a nommée ambitieuse, & que celui
des courtisans, qui vouloient qu'elle
ne fût qu'une hypocrite. Il est vrai qu'il
y en eut tant de preuves qu'il fut bien
difficile de séparer l'ivraie du bon grain,
& quoiqu'on dise, le caractere de Madame de Maintenon sera toujours problêmatique : jamais femme n'a joué son
rôle plus finement, ni mieux.

Nul Prince ne fut plus jaloux de
son autorité que Louis XIV. Cependant nul Prince ne fut plus gouverné;
il ne falloit pour cela que cacher le
despotisme qu'on vouloit exercer sur
lui; c'est ce que fit Madame de Maintenon. Elle mena le Roi jusqu'au point
qu'il eut encore la foiblesse de vouloir
que le Conseil se tînt dans l'appartement de Madame de Maintenon; ce qui
fit dire justement aux Ministres qu'on

ne pouvoit les avilir davantage ; mais
il falloit obéir, & le Roi leur donnoit
encore la mortification de voir qu'elle
étoit l'ame de tous les conseils, & qu'elle
gouvernoit sans cependant paroître
prendre part aux affaires. Cela l'enhar-
dit, elle voulut venir au Conseil, mais
rien ne choqua tant Monseigneur que
de lui voir prendre place. Madame de
Maintenon, trop habile pour ne pas
s'appercevoir combien la complaisance
du Roi pouvoit aliéner les esprits, ne
voulut plus y aller : elle n'y perdit rien
& fut bientôt dédommagé. Le Roi
tint Conseil tête à tête avec elle, & il
ne s'apperçut point que c'étoit là où
elle avoit encore le plus d'ascendant
sur lui. Cependant il arrivoit souvent
qu'il en rougissoit ; car la voyant se
mêler de tout, il lui échapoit de lui
dire, je ne veux entendre parler d'affaires que par mes Ministres ; mais Madame de Maintenon sçut tirer encore

profit de ses jalousies d'autorité. S'étant
apperçu que le Roi ne se déclaroit presque jamais pour ceux qu'elle lui proposoit d'abord, elle montra plus que
de l'indifférence pour ceux qu'elle pro-
tegeoit & ne les nommoit que comme
quelqu'un qu'on ne connoît pas; ainsi
par ce moyen à la longue elle obtenoit
tout & gouvernoit en tout. Ce fut par
ses ruses qu'elle trouva le moyen de
faire charger Louvois des malédictions
que les travaux & le camp de Maintenon lui attirerent. Les plus modérés
prétendent que cela coûta la vie à plus
de trente mille hommes. Pour avoir
quoi ? La Terre de Maintenon enrichie
de tous les prodiges de l'art ; néanmoins on voit des gens qui osent cependant la citer comme un modele
de désintéressement. Que falloit-il
donc qu'elle fit ? Je ne parlerai point
des travaux de Maintenon ; ces Apologistes me diroient que Louvois par-là

vouloit la perdre. Il connoiſſoit donc ſon inſatiabilité, & il avoit donc la foibleſſe de la ſervir ; d'ailleurs cet Apologiſte ſi ſouvent en contradiction avec lui-même ; ce qui n'eſt pas étonnant : car comment cela pourroit-il être autrement, quand on entreprend de prouver qu'un negre eſt un blanc ; cet Apologiſte, dis-je, convient que les travaux de Maintenon la reconcilierent avec Louvois, qui pour prix de ſes travaux fut maître de la promotion des Cordons-bleus. Ainſi Madame Maintenon fut ſemblable à ces reſſorts qui font agir des Automates & qu'on ne voit pas. On eſt d'abord ſurpris, mais bientôt on connoît la cauſe du mouvement. D'Aubigné, ſon frere, eut plus de cent mille livres de rente, & en dépenſoit encore deux fois autant. Il n'aimoit que l'argent. Pour les honneurs il n'envioit que ceux qui n'exigeoient pas la moindre démarche de ſa part. Sa

sœur eût bien voulu lui procurer le Bâton de Maréchal de France, qu'il eut
obtenu aisement ; mais le Roi exigeoit,
pour donner cette satisfaction à son
amie, qu'il fît du moins une campagne :
à quoi d'Aubigné répondit toujours,
je ne sçaurois, j'en mourrois.

Elle maria la fille de Madame de Villette au Comte de Mailli, & lui donna
des millions : cependant elle mourut
sans être riche. Madame de Villette
qui parvint aux plus grands emplois
ne fut point oublié ; ainsi que Madame
de Sainte-Hermine qu'elle combla de
biens. Plusieurs autres furent enrichis
de même ; ainsi que peut-on dire après ?
Si non qu'il y en avoit encore qui dé-
siroient & qu'elle ne les rassasia pas.
Mais quel Monarque assez puissant !
pour ne rien laisser à désirer. Il est vrai
que Madame de Maintenon affecta toujours une grande modestie dans ses meu-
bles & ses habillemens , & qu'elle pa-

rut n'exiger de Sa Majesté que quarante-
huit mille livres par an ; ce qui joint
à plus de cent mille livres produisoit
un revenu bien considérable, pour une
femme qui pouvoit regarder cette somme pour ce qu'on appelle menus plaisirs ; puisque sa table, sa maison étoient
payés d'ailleurs, & que les biens qu'elle
faisoit entrer dans sa famille, ne venoient pas de ses épargnes : mais les
autres maîtresses du Roi, dira-t-on,
avoient dépensé encore davantage :
sans examiner ce fait, je répondrai
seulement qu'il y en eut qui dépense-
rent plus & d'autres moins, & s'il falloit excuser les premieres, ne pourroit-
on pas dire, qu'étant moins assurées
du cœur du Roi, par conséquent de
l'avenir, elles ne songerent qu'à mettre
à profit le présent.

1689.   L'arrivée du Roi Jacques en France
causa quelques jalousies à Madame de
Maintenon, parce qu'elle fut précédée

par celle de son épouse dont Louis XIV.
devint, dit-on, amoureux ; du moins
c'est ce qu'on présuma en le voyant,
avoir des manieres si tendres pour la
femme d'un Roi détrôné. Quoiqu'il en
soit, Madame de Maintenon eut de
grandes inquiétudes : ce n'étoit pas sans
sujet, dit Madame la Fayette, car il
n'est point de maîtresse qui ne terrasse
bien-tôt une amie : je crois, au contraire, qu'une amie avec un peu de politique terrassera plutôt la maîtresse. La
nouveauté fait naître le goût & la jouis-
sance bien-tôt dégoûte. L'amitié une
fois établie fut toujours plus constante
que l'amour : celui-ci est plus vif d'a-
bord, mais l'autre est un feu lent, qui
se nourrit, s'entretient aisément. Au
reste, si le Roi eut quelques sentimens
de tendresse pour cette Reine infortunée, ils furent bien passagers ; tout-à-
coup il fut refroidit, & ses bontés ces-
serent. On imputa ce changement à la

jalousie de Madame de Maintenon ;
mais si cela est, il falloit que cette vieille
eût bien des charmes secrets pour supplanter une jeune femme, & que Madame Sévigné peint ainsi, « elle a des
» yeux noirs qui, pour avoir pleuré
» n'en sont pas moins beaux : une taille
» riche, le teint fort blanc & fort uni,
» la bouche ornée de belles dents. Elle
» est un peu maigre, mais elle a la phy-
» sionomie la plus intéressante ; un air
» de politesse & de dignité qui gagne
» les cœurs : » l'intérieur n'étoit pas
moins bien, à en juger par les reparties
qu'elle sçavoit faire à propos. Madame de Maintenon lui étoit cependant
supérieure en esprit, malgré cela tout
le monde étoit étonné que, n'ayant ni
beauté, ni jeunesse, elle ait pû inspirer
une si forte passion & tant de constance
au cœur le plus porté à changer ; ce qui
faisoit dire au Prince d'Orange, que le
Roi étoit tout au rebours des autres

Souverains ; car il prend de jeunes Miniſtres & une vieille maîtreſſe : c'étoit
un trait de politique de Madame de
Maintenon, qui ſçavoit que les jeunes
ſont plus dépendans, & que Louvois n'é-
toit ſi deſpotique, que parce qu'il étoit
depuis dix-huit ans dans le miniſtere.

La mort de Madame la Dauphine ne
produiſit aucun changement à la Cour,
comme on lui reprochoit d'avoir le cœur
peu françois, elle ne fut point regrettée,
ſur-tout de Madame de Maintenon qui
ſe voyoit délivrée d'une ennemie qui
pouvoit devenir redoutable pour elle.
Depuis long-tems Madame la Dauphine,
jalouſe de la préférence que le Roi lui
donnoit ſur elle, ne pouvoit cacher ſa
haine, elle ne l'étouffa qu'au moment
qu'elle vit la mort approcher, elle la fit
appeller pour lors, démarche que la religion exige, mais qui ne prouve rien en
faveur de celle pour qui on la fait. Je ne
crois pas non plus qu'on puiſſe conclure

1689.

pour la royauté de Madame de Maintenon de ce qu'elle fut la seule de toute
la Maison de Madame la Dauphine, qui
ne se trouva point au Service qui se fit
à Saint Denis & à Notre-Dame. Ceux
qui sçavent tout pénétrer, apprendront
je crois seulement de cette absence,
que n'ayant aucun rang à la Cour, elle
ne pouvoit paroître dans un lieu, où
elle ne pouvoit s'y montrer que comme ancienne domestique. Son amour
propre eût souffert d'un pareil titre, &
si sa modestie eût été bien réelle, c'est
en de pareilles occasions qu'elle en eût
dû faire montre.

Le Maréchal de la Feuillade & M.
de Louvois, survécurent peu à Madame
la Dauphine ; tous les deux avoient eu
trop de crédit. Ce fut une raison pour
que Madame de Maintenon se réjouit
dévotement de leur mort. Comme le
Roi aimoit encore la guerre, il perdit
beaucoup par le décès de Louvois.

La Guerre, au reste, n'apportoit aucun changement pour Madame de Maintenon, elle suivoit le Roi en campagne
pour être à portée de ruiner les batte-
ries qu'on pouvoit dresser contre elle.
D'ailleurs, le Roi sembloit ne pouvoir
se passer d'elle ; car on faisoit attention
que lorsqu'elle n'étoit point avec lui, il
s'empressoit de revenir promptement à
Versailles. Ce fut un reproche qu'on lui
fit après la prise de Namur. Comme il
laissoit son armée en présence de celle du
Prince Guillaume, on disoit qu'il avoit
sacrifié sa gloire aux inquiétudes de Madame de Maintenon, mais il n'avoit que
trop démenti ces bruits aux siéges de
Mons & de Namur, où il s'étoit trouvé
autant en Soldat qu'en Roi. On reprocha peut-être avec plus de fondement à
Madame de Maintenon, le mariage de
M. le Duc de Chartres, avec Mademoiselle de Blois. Tous les gens sensés prétendirent que le fils du premier Prince

1692.

du Sang se deshonoroit en épousant une bâtarde du Roi. En effet une fille de Montespan, même légitime, n'étoit pas faite pour devenir Duchesse d'Orléans. Au reste, ce fut Madame de Maintenon qui engagea le Roi, à se mettre au-dessus des préjugés de la Nation ; elle avoit des raisons pour cela, qu'on pénétre aisément. Ce fut elle qui négocia ce mariage, avec l'Abbé Dubois, sous Précepteur du Prince. Monsieur n'avoit pas assez de force pour s'y opposer, & Madame assez de Puissance (1) quand elle en apprit la nouvelle par son fils, elle le récompensa d'un soufflet, mais comme elle se fâcha par bienséance , par orgueil & par la délicatesse de sa Nation, sur les mésalliances : elle s'appaisa par nécessité , par intérêt ; puisque

____

(1) Elle étoit fille de l'Electeur Palatin , & s'appelloit Charlotte-Isabelle , elle mourut en 1722. Sa vie est dans ce Volume.

fon fils, plus connu dans la fuite fous le nom de Régent, ne pouvoit conferver fous un Roi abfolu & qui n'avoit d'autres régles que fon bon plaifir, toutes fes prérogatives, que par ce mariage.

Madame de Maintenon ayant franchi ce pas ne trouva plus de difficultés à faire époufer Mademoifelle de Charolois au Duc du Maine, frere de Mademoifelle de Blois ; ainfi par ces alliances elle affuroit l'état de ceux qu'elle avoit élevés & qui n'étoient que ce qui plaifoit au Roi. Elle affuroit auffi le fien, fuppofé que la reconnoiffance foit moins rare à la Cour, que le prétendent ceux qui n'ont jamais été dans le cas de l'y voir.

La nouveauté a des attraits en général pour tout le monde, mais fpécialement pour les femmes, & encore plus pour celles qui veulent paroître dévotes. D'ailleurs, Madame de Maintenon avoit encore le foible de vouloir prendre connoiſſance & de ſe mêler de tout. L'extraordinaire, le ſingulier eurent toujours des attraits pour elle. On lui fit un détail de la réputation que Madame Guion acquéroit par le quiétiſte, auſſi-tôt elle la voulut connoître, elle & ſon dogme.

Portrait de Madame Guion. Jeanne Bouvieres de la Mothe, native de Montargis, femme de Guion, qui s'eſt rendu célébre par l'entrepriſe du Canal de Briare, étant reſtée veuve à vingt-deux ans ; réſolut de ſe faire apôtre, elle aimoit les ſingularités ; en falloit-il davantage pour l'y engager ? Elle avoit toutes les vertus, tous les talens néceſſaires pour faire des proſelyſes. Douce, modeſte, inſinuante, éloquente, elle gagnoit bien-tôt le cœur. Dévote & coquette, elle eût été auſſi fâchée de ne pas faire montre de piété ; que de ſa belle gorge aimable, complaiſante, elle alloit à un bal comme à un ſermon, mais elle ſe faiſoit remarquer

quer à l'un par son attention comme dans
la salle par les graces de sa danse. Spirituelle, profonde, elle voulut être au-
theur & sçut réussir dans des ouvrages
de métaphysique. Elle ne donna guères
moins d'occupation à Bossuet qu'aju-
rieu. Les ouvrages de la femme parurent au-dessus de la portée du Prélat.
On y trouvoit bien l'exposition la plus
déliée de sa doctrine : il croyoit que c'é-
toit le quiestime, mais la femme avoit
sçu n'en approcher que par l'expression
& l'avoit sauvé de la ressemblance apparente. Ne pouvant la confondre, il
voulut l'opprimer par une force supérieure, dont il abusa. Madame Guion,
aimant Dieu & le monde, sçut se faire aimer des dévots & des mondains. Pleine
de zèle, jalouse de se faire voir & connoître, elle parcourut le pays de Gex,
le Dauphiné, le Piémont, pour y répandre sa doctrine & ses aumônes.
Comme sa morale qui ne consistoit

Tome V. E

qu'à aimer d'un amour pur & désinté-
ressé, flattoit l'orgueil & soulageoit la
paresse, & qu'elle l'accréditoit par ses
profusions, elle fit beaucoup de disci-
ples dans ces pays. Poursuivie par l'In-
quisiteur de Verceil, elle vint à Paris en
annonçant que tout l'enfer alloit se ban-
der contre elle, mais qu'à la fin le dra-
gon se tiendroit debout en sa présence.
Elle vit bien-tôt l'effet de ses prophé-
ties. Arrivée dans la Capitale, elle fut
enfermée dans un Couvent, & la Combe son directeur, qu'on ne put croire
innocent, pour avoir fait un si long
voyage avec une jolie femme, fut mis
à la Bastille.

Madame Guion trouva bien-tôt des
Protecteurs. Les Religieuses édifiées,
attendries, répandirent ses vertus : bien-
tôt on dit dans le monde qu'elle n'étoit
coupable que d'un excès d'amour pour
Dieu. Madame de Maintenon se déclara sa Protectrice ; & malgré le Pere
de la Chaise, l'Archevêque de Paris &

la cabale, elle fçut la faire élargir, au moment qu'on l'alloit enlever, par un ordre qu'on avoit furpris du Prince. Madame de Miramion, les Duchefles de Chevreufes & de Beauvilliers, la firent venir à la Cour, la préfenterent à Madame de Maintenon, qui brûloit du défir de voir une femme fi extraordinaire. Elle fut bien-tôt féduite & Madame Guion d'un efprit fupérieur à celui de Madame de Maintenon, eut bien-tôt fur elle l'empire que l'efprit donne comme la beauté. Devenue fa confidente, elle pénétra à S. Cyr, y diftribua fes livres, que Madame de Maintenon dévora ainfi que les Religieufes. Notre vifionnaire s'applaudiffoit de fes conquêtes fouvent avec fa protectrice, qui ne s'appercevoit point qu'elle-même prêtoit les mains pour féduire fa Communauté & y glifler l'erreur fous le mafque de la piété. Mais comment ne pas excufer Madame de Maintenon ? En voyant Fene-

E ij

lon le protecteur de Madame Guion.
Cet homme illustre , sensible pour
les malheureux ne vit en elle qu'une
femme persécutée par un Archevêque
sans foi, sans mœurs , parce qu'elle brûloit d'un amour divin. Il découvrit ses
erreurs , mais il les respecta en se disant
que c'étoit un bien beau défaut de n'aimer Dieu que par excès.

Madame Guion étant regardée à S,
Cyr comme un oracle , une sainte fut
aimée , respectée , protégée pendant
quatre ans par Madame de Maintenon,
& passa presque tout ce tems avec elle,
sans que le Roi sçût pour ainsi dire que
Madame de Maintenon connoissoit Madame Guion. La prison avoit rendu la
derniere plus prudente, l'avoit guéri de
bien des travers. L'Abbé de Fenelon
avoit modéré le feu de son imagination,
l'avoit éclairée , mais n'avoit pû lui
ôter néanmoins les extases , les va-
peurs , *les engorgemens d'une grace qui*

Harlai de
Chanvalon
fils de l'A-
mour.

fe déchargeoit comme une éclufe. Mais comment eût-il pû la guérir d'un mal, qu'il contractoit volontairement; & comment confondre une femme qui avoit pris tant d'afcendant fur fon efprit, que lorfqu'elle lui demandoit fi l'oraifon entroit dans fa tête il répondoit pour s'accommoder à fon galimathias, à fon langage miftique, *oui, Madame, & même par toutes les portes.*

L'Archevêque de Paris, les Jéfuites crioient, mais affez envain. Les derniers étoient brouillés avec Madame de Maintenon pour avoir donné une édition des Œuvres de Scaron où l'on avoit inféré une épigrame injurieufe à la vertu de la veuve ; mais la vraie raifon, je crois du divorce, étoit parce qu'après la mort de l'Abbé Gobelin, Madame de Maintenon avoit pris pour Directeur Defmarais, qui pourtant étoit le fléau des Janfeniftes. Devenu Evêque de Chartres, il pénétra dans Saint

E iij

Cyr & fut moins frapé du quiétifme
que d'y voir prêcher Madame Guion,
& d'être témoin qu'on avoit plus de
déférence pour les décifions de cette
femme , que pour les Mandemens de
l'Evêque. Il parla , on fe moqua de
lui, & bien-tôt on fe fouleva contre fes
ordres. L'Evêque remontra à Madame
de Maintenon le danger de cette conduite , exigea qu'on lui remît tous les
Livres de Madame Guion , dont chaque Religieufe avoit un exemplaire, &
interdit l'entrée de cette maifon à celle
qui y avoit, dit-on , caufé le trouble.
Malgré ces précautions, Madame Guion
régna à Saint Cyr , comme fi elle en
avoit été Supérieure. Madame de Maintenon devint jaloufe de cet afcendant
qu'elle avoit fur les Religieufes , elle
ouvrit les yeux & dénonça fon Livre
qu'elle avoit favouré tant de fois.
Noailles, Tiberge, Jolli, Bourdaloue,
le défapprouverent, ainfi fon auteur fut

obligé de conjurer l'orage par une retraite ignorée. N'ayant plus Madame
de Maintenon pour protectrice , on
cria ouvertement qu'il falloit l'enfermer , qu'elle perdoit tout le monde ,
elle eut encore néanmoins des protectri-
ces dans Saint Cyr , mais on les
enleva , on les dispersa pour rendre
le calme à la maison. Desmarais ful-
mina , Louis XIV. entendit le bruit ;
surpris de son ignorance , il accorda
des Commissaires à Madame Guion. Ses
ennemis furent maîtres du choix. On
tint des conférences à Issy ; Bossuet ,
rival de Fenelon, y traita , dit un écrivain moderne, non avec la charité d'un
Evêque , mais avec la dureté d'un tyran
On y condamna Madame Guion , elle
le méritoit ; car convient-il à une femme de dogmatiser ? Mais ce n'étoit pas
le but de Bossuet, il cherchoit à perdre
Fenelon plutôt que celle qu'il l'avoit mis
à la tête du quiétisme. On le rendit

suspect à Madame de Maintenon. Ce n'étoit point un Boffuet pour être féduit par des promeffes, des préfens. Fenelon tendre, généreux, sincere, défintéreffé, fçavoit régler fon cœur. Capable d'aimer fans intérêt, fon cœur étoit affez grand pour ne produire que des défirs tout céleftes. Il fçavoit étouffer les fens qui nous dominent, répandre fes bienfaits jufques dans le fein des malheureux. Il prévenoit leur befoin, ranimoit leurs efpérances, diffipoit leurs inquiétudes. Boffuet aimoit la gloire, mais la facrifioit à l'intérêt. Il eût voulu réunir tout en fa perfonne. Le défintéreffement de Fenelon étoit un reproche à fon avidité; il condamna Madame Guion dans l'efpérance que le fruit de fon triomphe feroit le fiége de Paris & la pourpre de Cardinal. Fenelon lui avoit été préféré pour l'éducation des Princes, cela feul le rendit fon ennemi. Il fe joignit à Ma-

dame de Maintenon pour se venger,
& la mena plus loin qu'elle vouloit.
D'abord pour la servir, on l'accusa
de Jeansenisme, parce qu'à la faveur de ce nom, tout étoit suspect au
Roi. D'ailleurs, ce Prince n'aimoit point
Fenelon, uniquement parce qu'il lui
trouvoit trop d'esprit. Il croyoit que
c'étoit l'humilier, que d'en avoir & de
le faire connoître. Pour éloigner de la
Cour le Précepteur des Princes, on
lui donna l'Archevêché de Cambrai.
Les ennemis de Fenelon connurent le
piége, on lui donnoit ce siége pour
l'exclure de celui de Paris, prêt à vaquer, & auquel Bossuet aspiroit. Tous
les clair-voyans prévirent que c'étoit
un exil. On ne tarda pas d'être éclairci.
Bossuet, jaloux de la réputation de Fenelon, demanda qu'il condamnât Madame Guion. Fenelon lut l'instruction,
refusa sa signature, parce qu'il découvrit que ce n'étoit qu'un libelle: Bos-

E v

suet irrité se plaignit à Madame de
Maintenon qui fut choquée du refus.
Elle crie, Fenelon lui dit qu'il étoit prêt
à condamner les erreurs de Madame
Guion , mais non sa personne : qu'il
avoit signé les trente-quatre articles
d'Issy , mais qu'on ne verroit jamais
son nom au bas d'un libelle. Bossuet
s'en prit à Madame Guion, il surprit
une lettre de cachet qui l'enferma à
Vincennes. Par-là , elle parut coupable & Fenelon devint suspect. A tout
il n'opposa que des vertus. Sur ces entrefaites , Harlai, Archevêque de Paris
mourut, Madame de Maintenon ne l'aimoit point. Pour avoir un homme sur
qui elle put compter dans le besoin,
elle nomma l'Evêque de Châlons pour
le remplacer. Il étoit d'une famille à la
mode , parce qu'elle avoit sçu gagner
les bonnes graces de Madame de Maintenon. Il s'appelloit Noailles, & ce
nom devint fameux dans l'histoire du
tems.

Pendant ce tems Madame Guion s'o-
bombroit à Vincennes & Fenelon dans
fon Diocèfe travailloit à la juftifier.
Son Livre des Maximes des Saints parut, on cria que c'étoit un Livre d'or.
Madame de Maintenon voulut le lire,
& n'y put rien comprendre. M. Boffuet
piqué de le voir paroître, & de l'éloge
qu'on en faifoit, l'examina ; avec le fecours de certaines rufes il donna de
mauvaifes interprétations , à des ex-
preffions qui n'étoient pas plus outrées
que celles de Sainte Thérefe.

Fenelon prit Rome pour juge, mais en
attendant la décifion , il fut exilé dans
fon Diocèfe, Madame Guion fut traîné
de Couvent en Couvent ; de Vincennes à la Baftille. La difpute s'échauffa,
enfin Rome prononça. Voilà ce qui y
donna lieu. Madame Guion & fes Ouvrages étoient condamnables ; il n'en
étoit pas de même de ceux de Fenelon. Il falloit forcer les interprétations ;

E vj

on dit à Rome que M. de Cambrai étoit
en trop grande liaison avec elle pour n'a-
voir pas les mêmes sentimens. Il falloit
des preuves. Madame de Maintenon la
produisit en envoyant à la Congréga-
tion une lettre que M. de Fenelon lui
avoit écrite autrefois. Elle étoit fort
détaillée & il y travailloit à justifier Madame Guion : ainsi c'étoit s'expliquer :
On alloit renvoyer les parties hors de
Cour, on condamna donc l'ouvrage.
Ces paroles du Pape vont mettre au fait
de la dispute & de la doctrine, ceux
qui n'aiment pas les détails ; voici ce
qu'il dit : M. de Fenelon a péché par
excès d'amour de Dieu, & M. Bossuet
par défaut d'amour pour le prochain.

1699.

M. de Fenelon ayant appris sa condamnation, l'annonça lui-même en
chaire & édifia par sa soumission dont a
peu d'exemples, toute l Eglise & la France, excepté Bossuet qui l'accusa de dis-
simulation, peut-être parce qu'il n'eût
que la honte de ce triomphe. Madame

de Maintenon fit plus que le Pape.
Après cette soumission il fut très-con-
tent, & lui-même l'apprit à l'Archevêque: mais notre femme dit qu'elle ne
croiroit point qu'il étoit détrompé de
son opinion, qu'elle ne le vît l'attaquer
avec autant de force qu'il l'avoit soute-
nue; c'est-à-dire, que la paix lui déplaisoit, & qu'il falloit renouveller le scan-
dale. Au reste, tous les parens de M.
de Cambrai furent enveloppés dans sa
disgrace, & ceux même qui étoient au
service furent remerciés. Cependant un
apologiste de Madame de Maintenon
écrivain si partial, que si Madame de
Maintenon eût été éthiopienne & que
c'eût été un défaut, il auroit dit qu'elle
n'eût pas différé des autres, veut que
Madame de Maintenon fû inconsola-
ble de la disgrace de M. de Cambrai;
il me semble voir un peintre qui repré-
senteroit le Cardinal de Richelieu pleu-
rant la mort du Duc de Montmorenci.

Tous les écrivains font d'accord que cette difgrace fut l'ouvrage de cette ambitieufe ; & fon apologifte pour la juftifier, dit feulement qu'elle n'ofa parler au Roi , parce que ç'eût été fortifier fes foupçons : lui qui penfoit qu'elle l'aimoit. Mais comment un écrivain peut-il fe contenter d'une pareille preuve ? Il dit que fi Madame de Maintenon eût voulu être Reine , qu'elle l'eût été, & moi je dis avec plus de raifon, que fi elle eût voulu fauver M. de Cambrai , qu'il n'eût point fuccombé fous les coups de Boffuet, parce qu'il falloit bien moins d'afcendant fur l'efprit du Roi pour cela, que pour être Reine ; d'ailleurs comment dire qu'elle pleuroit une difgrace qu'elle caufoit ? Ayant eu la perfidie de rendre publique une lettre qui devoit refter fous un fecret inviolable. Falloit-il une baffeffe , pour faire triompher la vérité, quelle nouvelle façon de fervir un ami prêt à être condamné ?

D'ailleurs, le Pape eſt content de la
ſoumiſſion de l'Archevêque, & une
femme qu'on dit ſon amie, ne l'eſt pas
d'une ſimple ſoumiſſion. Tout le Clergé fut ſcandaliſé de ce que M. de Meaux
penſoit ainſi ; pourquoi les mondains
ne le ſeroient-ils pas, de voir une femme acharnée à faire des querelles à un
ami ? Mais il s'en falloit beaucoup qu'il
le fût, Fenelon étoit trop ſincere, trop
ferme, & rien n'eût pû l'engager à trahir
ſon devoir & la vérité. Elle ne put lui
refuſer ſon eſtime, parce qu'elle eût rougi de n'avoir pas les ſentimens des honnêtes gens. Je finirai l'affaire du quié-
tiſme par la demande de l'apologiſte de
Madame de Maintenon, qui dit, ſi elle
eût été quiétiſte ? Le quiétiſte eût-il été
une héréſie; ce qui prouve donc que M.
de Fenelon & Madame Guion furent
condamnés, parce que la protection de
Madame de Maintenon leur manqua.

La condamnation du Livre des Maxi-

mes des Saints prolongea les peines de
Madame Guion, elle donna son Livre
des *Justifications*, où elle prouvoit que
ses rêveries étoient bonnes. Mais comment le prouvoit-elle ? Par d'autres rêveries dont les auteurs étoient recon-
nus saints, cette apologie embarrassa
fort Bossuet, ce qui fit penser que ce
n'étoit pas l'ouvrage d'une femme.

La doctrine de Madame Guion ne
put être justifiée, mais ses mœurs furent vengés par le témoignage solem-
nel d'une assemblée du Clergé. La malignité eût bien de la peine à se rétracter, elle pensa toujours que le Pere de
la Combe l'avoit abombrée, & que les
aveux que la torture avoit arrachés à ce
Barnabite n'étoient que la vérité. C'est
un grand préjugé contre une femme
que d'être jolie, on a peine à croire que
la beauté puisse s'allier avec la vertu. La
calomnie ne put se taire sur Madame
de Maintenon, que lorsque l'âge eût

glacé fon fang & celui de fon amant.
On penfa alors que la vieilleffe les rendoit fincerement dévots, ainfi l'on s'ac-
coutuma peu-à-peu à les voir habiter
enfemble fans fcandale. Louis XIV.
mourut dans les bras de fa Maîtreffe,
perfonne ne crut qu'elle fut un obftacle
à fon falut, une femme de quatre-vingt
ans ne peut plus exciter des défirs. On
les regarda comme deux anciens amis
que l'habitude unit enfemble plufque
toute chofe. En effet dans les derniers
tems de fon régne elle eut mille chagrins à dévorer, Tous les goûts du
Roi étoient émouffés, elle n'avoit plus
de remedes pour charmer fes ennuis.
Mutuellement ils s'ennuyoient de tout.
Madame de Maintenon, fans efpérance
de monter où elle avoit afpiré, n'envifageoit plus que les dégoûts de fa place,
& même la honte : car pouvoit-on la
regarder autrement que comme une
Concubine, ce nom jette un ridicule

de plus , ſur une vieille. Madame de Maintenon nous peint ſa ſituation par ces mots qu'on met dans ſa bouche, quel ſupplice d'amuſer un homme qui n'eſt plus amuſable ! Ces paroles ont fait dire que ne ſçachant plus comment amuſer le Roi, elle y ſuppléoit en préſentant d'autres femmes : qu'elle offrit entr'autres à Ninon l'Enclos de partager ſa place. La différence de caractere fait regarder ceci comme un conte à gens qui n'ont point étudié celui de Madame de Maintenon, & qui ne ſçavent pas ce dont eſt capable une femme qui a porté à un ſi haut point la diſſimulation : & dont l'humeur étoit de ſe plaire par-tout où elle n'étoit pas, qui cependant ſe contraignit aſſez pour reſter où elle étoit. On lui connoiſſoit ſi bien cette qualité que tout Paris lui appliqua ces vers d'une Tragédie, lorſqu'on la joua.

Qu'eût-elle pour monter au rang d'Impératrice
Un peu d'attraits, peut-être, & beaucoup d'artifice.

Quoi qu'il en foit, qu'on nous peigne tant qu'on voudra Madame de Maintenon, pieufe, ennemie des plaifirs, défintéreffée, fans ambition, fans défirs, fuiant les honneurs, cherchant la retraite, aimant à être inconnue ; qui le croira ? En la voyant faire tout le contraire, & cela à un âge où c'eft un devoir d'être infenfible aux honneurs & où l'on ne cherche plus à en jouir dès qu'ils ne font point attachés à notre véritable état.

Le mariage de M. le Duc de Bourgogne, celui du Comte d'Ayen avec Mademoifelle d'Aubigné, (1) la paix de Rifvick diverfifierent fes ennuis ;

____

(2) Madame Maintenon difoit ; ce mariage eft la gloire & la honte de ma vie, à caufe de la trop riche dot de fa niéce, & parce que le Duc de Noailles avoit fait époufer une de fes filles au Marquis de la Valliere, une autre au fils naturel du Roi ; tout cela rappelloit les foibleffes de la tante.

mais dans ces entrefaites plusieurs se ressentirent de sa mauvaise humeur : entr'autres les Comédiens Italiens. Ils furent chassés pour avoir joué *la Fausse Prude*, dans laquelle Madame de Maintenon se reconnut.

Une chose l'occupa d'avantage. Le Pere de la Chaise lui déplaisoit, ainsi qu'à Noailles, Archevêque de Paris : ainsi elle entreprit de donner au Roi un Confesseur qui plia sous ses volontés. Aussi-tôt plusieurs briguerent la place, mais la Chaise plus adroit qu'eux, para le coup & se maintint dans le crédit ; Noailles fut vengé, parce qu'avec la protection de Madame de Maintenon, il fut fait Cardinal malgré le Confesseur, ce dont Louis-le-Grand se repentit bien dans la suite. Ce fut un bonheur que le Roi ne se laissa pas maîtriser jusqu'au point de laisser son amie maîtresse de lui donner un Confesseur, car elle lui en eût donné un de la trempe du sien.

Il eût bien conseillé au Roi des jeûnes,
des oraisons, mais jamais le bien public.
L'apologiste de Madame de Maintenon
n'a pu cacher qu'on devoit gémir de ce
qu'elle avoit fait si peu de bien, avec l'intention, la capacité & l'occasion d'en
faire : mais l'intention est ici de trop ;
car lorsqu'on a le pouvoir & la volonté,
on fait toujours le bien, parce qu'il ne
faut rien autre chose. Ce Confesseur qui
étoit l'Evêque de Chartres, ne recommandoit à une femme qui gouvernoit
la France, que d'engager le Roi à faire
l'oraison & de la faire avec lui pour *le
dégoûter des oignons d'Egypte.* Le conseil n'eût-il pas été meilleur, s'il l'eût
engagé à travailler à rendre son peuple
heureux & à fermer par une bonne ad-
ministration les plaies que la retraite des
Protestans, que la guerre, l'ambition, la
fureur de bâtir firent à l'Etat.

Ce qui fait honneur à Madame de
Maintenon, c'est qu'on prétend qu'elle

remontra vivement au Roi le tort qu'il faifoit à fa réputation, en réduifant les rentes de l'Hôtel-de-Ville : ce qui étoit manquer à fa parole, à fes engagemens, chofes facrées pour un Roi. Elle lui dit : vous payez par-là vos dettes ; mais *vous allez donc défendre à vos Parlemens de fevir contre les voleurs de grands chemins.* Elle lui reprocha auffi toutes les injufti-ces commifes fous fon nom, par le grand nombre de lettres de cachet qu'on furprenoit aux Miniftres. Le Prin-ce n'y répondoit qu'en difant, on en a ufé dans tous les tems. Mais cela em-pêchoit - il de remédier aux abus de l'autorité ?

1701.   La mort du Comte d'Aubigné caufa peu de chagrins à fa fœur, depuis quel-que tems il étoit dans une Communauté réduit à dix mille livres de rente. Ma-dame de Maintenon s'étoit engagé à payer fes dettes, & cela coute peu quand on a de l'argent. La paffion de Monfeigneur pour Mademoifelle Chouin, lui caufa plus d'inquiétudes. Dans un ouvrage confacré pour les femmes il eft permis de faire une diverfion pour parler d'une qui a donné un exemple de modération qu'on n'avoit point, je crois, encore vû.

Mademoifelle Chouin étoit Demoifelle chez la Princeffe de Conti, en cette qualité elle fe trouvoit à fa toilette. Ce fut là où Monfeigneur la rencontra. La voir & l'aimer, ce fut la même chofe ; il foupira long-tems pour elle fans qu'elle le fçut, il n'ofoit même le lui faire connoître, tant la vertu infpire du refpect. La nature fembloit avoir raffemblé en elle fes dons avec prodigalité. Sa phyfionomie majeftueufe, fpirituelle annonçoit la beauté de fon ame : il fembloit qu'elle annobliffoit fon état par fa vertu & par la maniere dont elle s'en acquittoit.

Hiftoire de Mademoifelle Chouin.

Monfeigneur fe rendant affidu à la

toilette de la Princeſſe, la calomnie publia qu'il étoit amoureux de ſa ſœur.
Elle-même le crut. Pour éclaircir ſes
ſoupçons elle les confie à Mademoiſelle
Chouin, qui ſurpriſe, lui dit : Eh ! non
Madame, ce n'eſt pas vous qu'il aime,
c'eſt moi. La Princeſſe, fâchée d'être
détrompée, s'emporte contre la Demoi-
ſelle, lui demande qui peut le lui faire
croire ? Je reçois, répond-elle, tous les
jours des poulets de la part de Monſei-
gneur ; mais Madame, je n'en ai pas
encore ouvert un ſeul. En effet elle le
déſeſpéroit par cette indifférence ſignalée. Ce fut bien pis, lorſque Monſei-
gneur vit ſon amour traverſée, & qu'il
ne pouvôit plus voir l'objet de ſon
amour. La toilette étant interdite à
Mademoiſelle Chouin, il interdit à ſa
ſœur l'entrée de Meudon, où elle régnoit. La Princeſſe, ſurpriſe, devina
bien-tôt le motif de cette conduite, auſſi-
tôt elle rappelle Mademoiſelle Chouin

&

& la nomme sa Demoiselle d'honneur :
elle ne trouva de résistance que de la
part de la Demoiselle. Ce refus la fit
connoître. Madame de Maintenon voulut la voir. La Demoiselle y fut & lui
confia ce qui l'empêchoit d'accepter
cette place : Madame de Maintenon lui
ferma la bouche, en disant je sçais tout,
malgré cela vous devez obeir. La Demoiselle se soumit. Cette nouvelle fut
bien-tôt divulguée, on glosa sur Madame de Maintenon, sur la Princesse ; Mademoiselle Chouin en fut la victime. On
la chassa de nouveau, elle se retira
chez Madadame d'Epinoi, qui bien-tôt
sacrifia à sa tranquillité la Demoiselle ;
quoique Monseigneur n'eût pu arracher
encore d'elle un soupir, une parole.

Cette vertueuse fille étant lasse d'er-
rer se retira à Paris, changea de nom
& demeura inconnue. Monseigneur la
crut enfermée dans un Couvent, il se
plaignit, fit des recherches ; mais en

vain : après bien des perquisitions le
Marquis d'Antin avec le secours de la
Reinie Lieutenant de Police, découvrit qu'elle logeoit au Fauxbourg Saint
Jacques. Monseigneur va chez elle,
frape à la porte, & si-tôt qu'on le re-
connoît, on la referme sur le champ ; envain l'amant prie, il reste une partie de
la nuit sur l'escalier, & ne peut rien
obtenir. Dès le lendemain la Demoiselle changea de retraite, mais elle fut
aussi-tôt découverte. Le Roi, instruit
des démarches du fils, donna un ordre
pour releguer la Demoiselle dans un
Couvent de Province. Madame de
Maintenon l'apprend, en arrête l'exécution en représentant au Roi l'injustice de son procédé. Elle lui demande,
si la vertu, la résistance de la Demoiselle
font des crimes. Si elle eût succombé,
dit-elle, elle seroit sous la protection de
Monseigneur, comme la Comtesse du
Roure, la Raisin : & parce qu'elle est

vertueuse, il faut employer l'autorité
souveraine contre elle. Que deviendra
donc la vertu, dès qu'un Prince osera
l'attaquer ? Le Roi ouvrit les yeux &
laissa Monseigneur se désoler de ne pouvoir faire lire un de ces billets à sa
maîtresse. Sa constance néanmoins
ébranla celle de la Demoiselle, sa fem-
me-de-chambre la trahit. Monseigneur
se trouve à ses pieds & jure de ne la
point quitter s'il ne l'écoute. Enfin ses
premieres paroles qu'il entendit furent
celles-ci. Monseigneur, si vous m'ai-
mez, vous n'avez qu'un mot à dire &
je n'en ai qu'un à entendre ; mais ce
mot je ne puis l'entendre, vous ne pou-
vez le dire sans l'agrément du Roi, &
sans blesser un préjugé qui vous défend
de le prononcer. Ces discours fini,
elle ordonne au Prince de sortir. Il
obéit, réfléchit, & bien-tôt il revient,
lui apprendre qu'être uni à elle, c'est le
souverain bonheur. Que tout lui est ac-

cordé. La Demoiselle le croit sur sa parole, elle n'approfondit pas le mystere crainte de renouveller l'exemple de Mademoiselle avec Lausun. Le mariage fut célébré à Meudon, & bien-tôt peu de personnes de la Cour ignorerent qu'elle fût la femme de Monseigneur. Néanmoins jamais elle ne fit valoir ce nom, & ne désira avoir un rang ; constamment elle fut insensible aux honneurs. Elle se retira à Meudon, n'en sortit point pour paroître à la Cour. Elle ne se fit même jamais voir dans les fêtes qu'on donnoit chez elle. Elle les préparoit, & à peine sçavoit-on qu'elle fût dans un lieu, où tout lui obéissoit. Contente d'être estimée, elle ne s'occupoit qu'à faire le bonheur de son époux, qui de son côté fut métamorphosé aussi promptement, que si sa maîtresse eût été Fée. Il devint bienfaisant, sobre, frugal, appliqué aux affaires, ménager, vertueux, dévot, en un mot sa conduite

fut des plus régulieres, & depuis ce
moment l'union du pere & du fils fut
toujours des plus intimes ; ce qui fit
que le Roi ne blâma jamais ouvertement ce mariage. Monseigneur en effet
lui en avoit parlé : le Roi lui avoit feulement dit, mon fils, pensez-y bien &
ne m'en parlez plus. Madame de Maintenon n'osa le désapprouver, puisqu'il
justifioit le sien. Il lui causa d'abord de
grandes inquiétudes, mais elle se raf-
sura lorsqu'elle vit une femme assez
forte, pour n'avoir point d'ambition.
D'ailleurs, cette modération lui donna la
plus haute idée de cette fille digne d'admiration ; néanmoins elle craignoit
qu'elle ne fût pas toujours la même,
elle disoit à une amie, après la mort du
Roi, vous verrez peut-être Mademoiselle Chouin toute puissante, mais qu'elle
le soit ou qu'elle dédaigne de l'être,
ayez toujours de la considération pour
elle. Si Madame de Maintenon eût tenu

la même conduite, quels éloges ne mé-
riteroit-elle pas ! mais, hélas ! on ne
sçauroit qu'à peine son nom.

Madame la Duchesse de Bourgogne
plaisanta sur ces mariages lorsqu'elle
apprit le dernier, elle dit on s'allie plai-
samment dans cette maison-là : ayant
relevé d'une grande maladie, elle dit
au Duc de Bourgogne, si j'étois morte,
auriez-vous fait le troisiéme tome de
votre famille. Néanmoins elle fit constamment sa cour à Madame de Maintenon, qu'elle appelloit sa tante, il est
vrai qu'il y avoit-là beaucoup de politique, parce qu'elle sçavoit qu'on ne pouvoit plaire au Roi qu'en cherchant à
plaire à son amie. Madame la Duchesse
de Bourbon étoit moins politique, quelquefois elle la chansonnoit & l'on sçait
qu'elle égorgeoit en plaisantant : Mada-
de Maintenon lui ayant fait un jour des
remontrances, elle lui dit : voulez-vous
Madame que je devienne dans quatre

jours dévote & pédante comme vous ?
Si j'ai des têtes à tête, je ne fais que
ce que vous faisiez à mon âge. Madame de Maintenon essuyoit souvent de
pareilles mortifications, car jamais la
malignité publique ne se tût. On feroit
un volume en ramassant toutes les es-
tampes qui parurent. Les satyres furent en grand nombre & souvent il arrivoit qu'elle les recevoit la premiere,
elle y étoit sensible plusque toute autre, néanmoins elle ne s'en plaignoit
que tacitement, dans la crainte que de
pareilles piéces ne parvînssent entre les
mains du Prince. C'étoit en se rappellant toutes les peines de son état que
Madame de Maintenon ne regardoit
qu'avec dédain la plus haute faveur,
dans des jours où elle ne pouvoit plus
en goûter les plaisirs. Néanmoins on
la vit toujours attaché au monde, ce
ne fut point elle qui quitta les honneurs.
Les honneurs, pour ainsi dire, la quit-

F iv

terent. Elle montra dans sa retraite,
(qu'on ne pût pas regarder volontaire,)
que dès qu'une fois on a goûté du souverain pouvoir, on ne peut renoncer au
plaisir de régner. Elle eût voulu commander partout. Le Duc d'Anjou étant
devenu Roi d'Espagne, elle porta ses
vûes jusqu'à vouloir régner sur Philippe
& décider à Versailles ce qu'il devoit
faire à Madrid, mais elle avoit une rivale qu'il eût fallu pour cela supplanter.
Cette femme étoit d'autant plus redoutable, qu'à une naissance illustre, aux
agrémens de l'esprit, elle joignoit les
graces de la figure, le courage d'un
homme & l'adresse d'un politique. C'é-
toit la Princesse des Ursins. Elle régnoit en Espagne pendant que Madame Marlborough régnoit en Angleterre,
& Madame de Maintenon en France.
Il seroit difficile de décider laquelle des
trois méritoit mieux le bâton de Com-
mandement. La Duchesse de Marlbo-

(marge : 1700.)

rough ne maîtrifoit qu'une femme, mais une femme eft plus jaloufe qu'un homme de l'autorité, outre que comme il n'y entre point de paffion, il faut donc plus d'efprit, plus de talens. Madame de Maintenon avec un front ridé gouvernoit le plus grand Roi de l'Europe, & la Princeffe des Urfins, malgré fa vieilleffe enlevoit aux plus jeunes & aux plus coquettes leurs amans. Madame de Maintenon lui eut tout pardonné, même d'avoir d'Aubigné pour fon favori, fi elle eût voulu toujours paroître dépendre d'elle. Mais elle vouloit faire en Efpagne ce que l'autre faifoit en France. Voulant entrer dans tous les détails de la campagne avec le Duc d'Orléans, elle ofa lui dire que Philippe avoit cet égard pour elle, comme Louis-le-Grand l'avoit pour Madame de Maintenon, mais le Duc d'Orléans ne plioit pas fi facilement. Il arriva de-là, que la Princeffe retraverfa le Duc dans toutes

1705. ſes entrepriſes, qu'elle le fit échouer
ainſi que Madame de Maintenon l'avoit
fait devant Turin. N'ayant pû empêcher le Roi de lui donner le comman-
dement de l'armée, qui alloit mettre à
la raiſon le Duc de Savoie, elle l'aſſu-
jettit à des ordres qui lui lioient les
bras & qui lui firent perdre la bataille
de Turin & qui furent cauſe qu'il échoua
dans toutes ſes entrepriſes. Ce n'étoit
pas le but de Madame de Maintenon,
j'en conviens, mais que m'importe
qu'on me perde par méchanceté, par
imprudence, ou par ignorance ? Qu'elle
ait entré dans les vûes de la Ducheſſe
de Bourgogne qui vouloit qu'on ména-
geât les Etats de ſon pere, ou non ? la
France en ſouffroit-elle moins ? Etoit-
ce le métier de Madame de Maintenon,
de nommer des Généraux ? De veiller
ſur leur conduite & de s'en inſtruire.
Une femme qui aime réellement l'Etat,
ne ſe mêle de rien, voit tout, attend

tout d'un air tranquille, & laisse aux gens du métier le soin des affaires. Combien de chagrins s'épargneroit une femme, & combien épargneroit-elle de maux à l'Etat? Qu'on impute peut-être à tort à ses avis; si elle se comportoit ainsi & si elle suivoit l'exemple de Mademoiselle Chouin: mais à quoi bon, disent quelques-uns, prendre une place brillante pour ne pas faire parler de soi. Mais il y a tant de façons d'en faire parler en bien qu'on peut se satisfaire.

On imputa à tort ou à raison à Madame de Maintenon bien des pertes qu'on fit pendant la guerre & les maux qui en furent les suites. Mais cela ne la changea point; il survint une nouvelle guerre, elle voulut encore prendre parti & décider entre les Molinistes & les Jansenistes. Elle protegea Noailles & l'abandonna: elle se déclara pour ou contre les Jésuites, épousa leurs querelles, leur en fit. Enfin elle se mêla de tout, & malheureusement éprouva qu'il étoit bien plus facile d'embrouiller une fusée que de la démêler.

Le Nouveau Testament que Quesnel, Prêtre réfugié en Hollande, fit imprimer avec des réflexions fut le signal de la guerre. Jusqu'alors les Jansenistes avoient échappé aux foudres que le Vatican avoit lancés contre eux. Innocent XII. ami de la paix avoit espéré les réduire en gardant le silence & en ne faisant point attention à eux, c'étoit le parti le plus prudent qu'il y avoit à prendre, mais son successeur ne pensa pas de même. Ainsi le silence fut bientôt réciproquement rompu. Le Livre des *Réflexions Morales*, ayant paru on se harcela de part & d'autre. Madame de Maintenon voulut lire l'ouvrage & l'approuva, ainsi que son Archevêque ; mais elle n'eut pas sa constance : Desmarets la fit rétracter ; autre chose

dans le même tems l'occupoit encore
d'avantage.

Le Pere de la Chaife accablé d'années ne pouvoit plus tenir fa place de
Confeffeur du Roi. Pour y mettre un
homme à fon gré Madame de Maintenon ne vouloit pas attendre que la
place vaquât; plufieurs la briguoient,
féculiers & réguliers. Madame de Maintenon vouloit un Prêtre féculier, mais
le Roi n'aimoit que les Jéfuites, on
n'eût ofé lui propofer un autre qu'un
membre de cette Société auffi abbattue
aujourd'hui, qu'elle étoit, alors exal-
tée. Pendant qu'on fe débattoit, le P.
de la Chaife mourut, ce qui obligea à fe
décider. Madame de Maintenon employa fes rufes ordinaires: elle en propofa plufieurs fur une lifte & mit à la
tête celui qu'elle défiroit, efpérant que
le Roi fe décideroit pour celui qui fra-
peroit le premier fes yeux. Ce qui arriva, d'ailleurs il étoit peu connu, c'é-

toit une raison pour que le Roi le choi-
sît, voulant qu'il ne dût point à d'autres qu'à lui, sa place. C'étoit un homme fier & qui commandoit en maître :
ce caractere ne déplaisoit point à Sa
Majesté qui affectionnoit toujours ceux
qui sçavoient se faire obéir.

Ce Jésuite s'appelloit le Tellier, voici
le portrait qu'on en fait. « en ce tems il
» y avoit à Paris un homme né en basse
» Normandie à Vize, fils d'un Procu-
» reur, auteur d'un Livre dangereux en
» faveur des Chrétiens Chinois, plus
» propre à l'intrigue qu'à l'étude, ardent
» ennemi des Jansenistes, leur dénon-
» ciateur auprès du Pere la Chaise : in-
» venteur de la fourberie de Douay, si
» ressemblante à une perfidie : instruit
» de tout par ses émissaires répandus
» dans les Colléges : aussi attentif à ca-
» cher ses menées qu'à les faire réussir,
» à peine connu, quoique depuis vingt
» ans il inquiétât tout le Royaume ; &
» par malheur Jésuite. »

Quoique ce portrait dénote un écrivain partial, néanmoins on peut dire
que le Pere le Tellier étoit trop vif,
trop turbulent, pour remplir une place,
qui dans les circonstances présentes demandoit un homme pacifique, mais cependant ferme & incapable de fléchir
aux volontés d'une femme. L'approbation que M. de Noailles donna aux réflexions morales fit que le Jésuite se
souleva contre lui ; Madame de Maintenon para les premiers coups qu'il lui
porta ; mais soit par crainte, soit que
Noailles ne voulût point fléchir à son
gré, ou qu'elle désespéra de perdre un
Jésuite, assez puissant sur l'esprit du
Roi pour la supplanter elle-même, elle
abandonna le Cardinal, le Jansenis-
me ; & fut la premiere à dire à Noailles
qu'il falloit céder à l'orage & quitter la
place. Les Jansenistes, à la nouvelle de
ce changement la peignirent en Jésuite
& répandirent qu'elle étoit fille de la

fociété : que le Roi avoit fait les vœux ;
& d'autres bruits indignes de la majefté
de l'hiftoire. Je dirai fimplement que
Madame de Maintenon n'abandonna
les Novateurs que parce que le Roi étoit
leur ennemi déclaré & celui de tous
ceux qui les auroient favorifés.

Toutes ces querelles furent fufpen-
dues par le défaftre qui furvint dans la
Famille Royale. En moins d'un an on
vit mourir une Dauphine, trois Dau-
phins, & à l'extrémité le feul rejetton
de cette Famille, auparavant fi nombreufe, qu'on craignoit que le grand
nombre ne fût un obftacle au repos du
peuple. La complexion délicate du Duc
d'Anjou donna de grandes inquiétudes
fut-tout à Madame de Maintenon, qui
eût mieux aimé un enfant pour maître
que le Duc d'Orléans. Celui-ci devoit
recueillir le fruit de toutes ces morts
inopinées, ce fut affez pour que la calomnie, la malignité l'en rendiffent coupable.

La Bulle *Unigenitus* parut & mit tout
en combuſtion. Biſſy , Evêque de
Meaux , d'Aubigné , Archevêque de
Rouen, demanderent un ordre à Madame de Maintenon pour la faire recevoir purement & ſimplement. Il fallut
s'y ſoumettre & après bien des chica-
nes, elle fut publiée & reçue : le Cardinal de Noailles ſe mit à la tête des
oppoſans , ç'en fut aſſez pour perdre
tout ſon crédit auprès de Madame de
Maintenon , qui le protégeoit encore
ſourdement. Quoiqu'accablée par les
affaires , rien ne ſe faiſoit ſans qu'elle en
prît connoiſſance. Elle étoit à la tête
de la guerre qu'on avoit contre l'Europe , elle ſe préparoit contre celle
qu'on avoit à ſoutenir contre les oppoſans , & ſe précautionnoit contre les
révolutions que pouvoit cauſer une régence : pour cela elle engagea S. M.
à élever ſi haut ſes enfans naturels ,
qu'on ne put les renverſer. Mais ce fut

justement ce haut dégré d'élévation qui
causa leur abaisement. Le Roi non content de leur avoir donné les plus belles
Terres, les Charges les plus éminentes
du Royaume, de les avoir elevés au-
deffus des Ducs & Pairs, & de les
avoir égalés aux Princes du Sang, voulut les rendre ainfi qu'eux habiles à fuc-
céder à fa Couronne, afin difoit Madame de Maintenon, que la grandeur qu'il
leur communiquoit eût des racines en
elle-même. Elle croyoit qu'en les faifant Princes du Sang, qu'on la regarderoit comme gouvernante des enfans
de France, mais elle fe trompa, ce fut
envain qu'on remontra au maître qu'il
avilffoit la dignité du Prince du Sang
en en difpofant en faveur d'enfans adul-
térins; qu'il deshonoroit fa famille en
y introduifant un fang impur, il fallut
obéir & plier fous fes volontés. Les
1714. Princes, le Parlement fouſcrivirent à
l'Edit, & Madame de Maintenon après

cela ne put croire que ces difpofitions
ne furviyroient pas à Louis-le-Grand.
Elle ne voulut pas voir qu'on cédoit
par refpect, à la vieilleffe d'un Roi, à la
tendreffe d'un pere malheureux. On attendoit fa derniere heure pour fe relever contre. Pour affermir fon ouvrage,
le Roi réfolut de confier l'autorité fu-
prême au Duc du Maine, & voulut le
créer Régent au préjudice du Duc
d'Orléans. Comme ce titre eut foulevé
fes fujets, il l'adoucit en ne le nommant
que Lieutenant Général : ou pour mieux
dire il donna le titre de Régent au Duc
d'Orléans & au Duc du Maine l'autorité; pour la faire valoir il l'établit chef
indépendant & le rendit abfolu fur
toutes les troupes de fa Maifon. Pour
que cette volonté fût refpectée après fa
mort, Madame de Maintenon confeilla
à Sa Majefté de l'effectuer de fon vivant,
& de commencer par mettre le Duc du
Maine en poffeffion & de lui faire un

parti, mais le Roi ne voulut point faire ce qui lui annonçoit sa fin, il croyoit avoir acquis le droit de régner encore après sa mort & de faire respecter ses ordres, ainsi il se contenta de tout régler par écrit & de faire le Parlement dépositaire de ses volontés, mais à condition qu'il n'en prendroit connoissance qu'après sa mort. Il arriva de-là, que le Duc du Maine, ne sçachant point les intentions du Roi ne put se fortifier. Madame de Maintenon qui seule les sçavoit, prévoyant que ce Duc ne pourroit se soutenir, découvrit tout au Duc d'Orléans. Un apologiste regarde comme un conte ce fait avéré, mais comme son talent n'est point d'étudier le caractere d'une femme, d'être vrai, même aux dépens de la gloire de son héroïne. Son sentiment particulier, dénué de preuves, ne peut suffire pour donner un démenti à gens mieux instruits que lui & plus impartiaux. Je ne dirai point qu'il

faut regarder ce trait comme une perfidie, au contraire, ce fut un trait de la
prévoyance de Madame de Maintenon.
Elle connoissoit la foiblesse des dispositions du Roi, ses lumieres lui faisoient
aisément voir que la France ne feroit
pas l'affront au premier Prince du Sang,
de lui préférer un fils de Madame de
Montespan, personne ne connoissoit
mieux la délicatesse du françois, il lui
faut le sang le plus pur pour le commander, de plus Madame de Maintenon avoit d'autres vûes : sa famille avoit
répandu des bruits fort injurieux contre
le Duc d'Orléans, elle pouvoit bien
espérer de la générosité du Prince qu'il
ne se vengeroit pas, mais devoit-il la
récompenser ? Comment punit-on les
grands ? Sinon en les laissant dans l'oubli : ainsi il falloit donc s'attacher le
Prince. Que falloit il pour cela ? L'a-
vertir qu'il ne se fiât point aux promesses du Roi, qu'il lui disoit qu'il le main-

tenoit dans ses droits : qu'il falloit faire tout ce qui étoit nécessaire pour en jouir, c'est ce qu'il fit, & ce qui est certain , c'est que la maison de Noailles eut toute la récompense. La mort de Louis-le-Grand l'éleva au lieu de l'abaisser, les ennemis du Cardinal furent humiliés, & toutes ses créatures furent placées : de-là on peut aisément conjecturer que la maison de Noailles ne se réconcilia avec le Régent qu'après lui avoir rendu un service signalé & qu'elle acheta sa faveur. Madame de Maintenon respectoit la mémoire de Louis-le-Grand , mais après, tous les intérêts de sa famille lui étoient plus chers que ceux des enfans de Madame de Montespan. Son caractere fut toujours impénétrable, mais en l'étudiant on voit qu'il se décele, & ce trait en est une suite.

Madame de Maintenon n'avoit jamais témoigné avoir d'inquiétude sur

fon fort, il étoit affermi, mais Louis-le-
Grand étant fans pouvoir, fon cœur fe
fit connoître. Tant qu'il y eut efpérance que le Roi pouvoit vivre encore,
elle ne l'abandonna point : perfonne ne
lui témoigna pendant fa maladie plus
d'attachement : les courtifans cou-
roient tous groffir la Cour du Duc
d'Orléans , Madame de Maintenon
refta prefque feul auprès du Roi, & lui
rendit tous les fervices qu'on peut exiger d'une véritable amie : mais voyant
qu'ils étoient inutiles , elle ne fongea
plus qu'à elle , fe rappellant les infultes
auxquelles font expofés les perfonnes
déchues de la faveur : pour les prévenir
elle monta dans le caroffe du Maréchal
de Villeroi, & fe réfugia à Saint Cyr.
Pour affurer fa retraite le Maréchal lui
donna une efcorte & plaça des gardes
fur fa route, précautions qui prouvent
que le Maréchal lui connoiffoit bien
des ennemis & que la France avoit plus

respectée l'amie de Louis-le-Grand,
que Madame de Maintenon : qu'elle
voyoit en elle une femme qui avoit
causé bien des troubles, fait bien des
maux, peut-être sans intention ; & peu
de bien avec de la volonté.

Le Roi étant mort le Duc d'Orléans
fut déclaré Régent par le Parlement
qui annulla le testament de Louis - le-
Grand avec moins de précaution qu'il
n'en eût apporté pour celui d'un particulier. Le Duc du Maine s'abandonna
lui-même par la crainte d'être abandonné de tout le monde. Le Duc d'Orléans vainqueur montra que personne
n'étoit plus digne de commander que
lui ; les dettes immenses que Louis XIV.
lui laissa à acquitter, l'obligèrent à recourir à des voies qui firent plus de malheureux, que de riches. Les particuliers s'aveuglerent & ne voulurent point
voir que dans une loterie, tout le monde ne peut gagner.

Madame

Madame de Maintenon avoit été fouvent caufe des perfécutions que le Duc d'Orléans avoit eues à effuyer, le fervice qu'elle lui avoit rendu en lui révélant le fecret du teftament du Roi, la tranquillifoit : en effet le Régent oublia les injures, il lui continua une penfion de quarante-huit mille livres, qu'elle dut entierement à fa générofité ; car le Roi n'avoit fait aucune mention d'elle dans fon teftament : il fembloit qu'il n'avoit voulu laiffer aucun témoignage de fes foibleffes & qui pût donner à penfer qu'elle eût été fon époufe. Si le Régent lui rendit une vifite, il s'en faut de beaucoup que ce fût comme à une Reine douairiere. La politique feule eut part à cette démarche. Il avoit en quelque façon fait affront à la mémoire de Louis-le-Grand, en annullant fes dernieres volontés, il vouloit la réparer en donnant des marques de refpect au feu Roi, & en paroiffant eftimer tout ce qui lui avoit appartenu. Le Roi d'Espagne n'agit pas de même.

Il ne donna à Madame de Maintenon aucune marque de souvenir & la laissa dans un oubli qui approche plus que de l'indifférence ; il sçavoit par expérience les troubles que cause dans un Etat une femme qui y veut régner, il en avoit prévenu d'autres, en exilant la Princesse des Ursins & trompa Madame de Maintenon qui, voyant la Reine d'Espagne morte, disoit : j'espere que nous verrons bien-tôt Madame des Ursins Reine, & Reine déclarée. Mais ce Prince sçut commander à lui-même, pour mieux régner sur les autres.

Quoique Madame de Maintenon eût plus songé à enrichir sa famille qu'elle-même, elle se trouva par la générosité du Régent en état de faire bien du bien. Retirée à Saint Cyr, elle n'avoit aucune dépense à y faire, & se trouvoit sans inquiétudes. Ainsi, elle eût été des plus

heureufes fi elle eût pu oublier le monde comme le monde l'avoit oubliée.
Dévorée fouvent d'ennuis, elle fe rappelloit l'ingrati ude des courtifans, ne
voyant plus aucun de ceux qu'elle avoit
obligés. Par le même motif, elle craignoit que quelques Dames de Saint Cyr
qu'elle affectionnoit, ne la payaffent de
retour que par intérêt, par politique,
par bienféance. Elle avoit dédaigné les
honneurs étant à la Cour ; dans fa retraite elle les défiroit & fouffroit de ce
qu'ils ne s'offroient plus à elle. C'eft
ainfi qu'elle fe tourmentoit. Pour trouver encore davantage le repos de fa
vieilleffe, elle vouloit fçavoir tout ce
qui fe paffoit à la Cour & dans la France, elle défiroit encore y régner, s'ima-
ginant que l'Etat feroit mieux gouverné & qu'elle réformeroit des abus fans
nombre qu'elle croyoit voir. Elle com-
paroît les deux régnes & fans peine fe
décidoit. Elle traitoit de tyran un Prin-

G ij

ce qui prenoit des précautions pour arrêter les entreprises de ceux qui cons-
piroient contre lui. La Duchesse du
Maine outrée de l'abbaissement de sa famille, traita avec l'Espagne pour la relever. Le paquet fut intercepté, on y
vit clairement une conspiration dans
les dépêches, & il ne sera pas permis à
celui contre qui on conspire, de punir.
Encore : quelle punition en tira-t-il? Il
fit arrêter le Duc, la Duchesse du Maine,
ses enfans, & tout ceux qui pouvoient
conduire la conjuration ; lorsqu'elle fut
dissippée, il rendit à tous, la liberté;
& dès que ses ennemis ne pouvoient
plus lui nuire, il ne se vengea d'eux
qu'en usant de sa clémence ordinaire.
Madame de Maintenon ne fut pas contente ; mais qui ne pensera que le Duc
d'Orléans fit ce que doit faire un Régent;
d'ailleurs il devoit cela au repos de l'E-
tat, & si les enfans naturels du Roi furent dégradés, ce fut pour avoir été

élevé contre les formes. En leur ôtant le titre de Princes du sang, on ne leur enleva que ce qu'ils n'avoient point, & on vengea l'injustice que le feu Roi avoit fait à la Nation. Au reste, les ennemis même du Régent conviennent que l'Edit qui condamne les Princes légitimes, n'eut point ce caractere d'emportement, de partialité, qu'on attendoit du Conseil de la Régence.

La chute du Duc du Maine, sa captivité furent un coup de foudre pour Madame de Maintenon. Ne connoissant point le Régent, elle crut qu'il ne cherchoit qu'un prétexte pour perdre cette famille. Elle en fut frappée, l'on prétend que ce coup la mit au tombeau: du reste, il ne contribua pas à lui rendre la santé & la joie. Son grand âge la laissoit infirme. L'oisiveté lui rendoit tout insipide. Accoutumée au genre de vie le plus varié, elle s'ennuya de celui qui lui offroit chaque jour la même chose:

elle avoit défiré vivre retirée à S. Cyr, tant qu'elle vécut à la Cour : lorfqu'elle fut dans fa retraite, pour en rompre l'ennui, elle eut recours à mille petits fpectacles à la mufique, aux converfa- tions, à la lecture, aux fcènes de Tra- gédies, en un mot à plufieurs frivolités qui prouvent qu'elle ne pouvoit fe fuf- fire à elle-même, & que la retraite laif- foit un vuide dans fon cœur qu'il fal- loit remplir. On peut aifément remar- quer que Madame de Maintenon avoit un caractere inconftant, & que l'état préfent lui fut toujours défagréable, elle ne fçut jamais borner fes défirs.

Son Apologifte prétend que ce fut dans les jours nébuleux de fa retraite que dégoutée du monde, elle brûla toutes les piéces qui auroient prouvé fon état. C'eft-là répondre à tout, mais comme c'eft une chofe apportée fans preuves, on y fera aucune attention, d'autant qu'on fçait qu'il invente aifément, & que si Madame de Maintenon pouvoit voir les lettres qu'il a données sous son nom, elle diroit comme d'un autre ; voilà des choses que je n'ai jamais dites, ni pensées, ni faites. Les manuscrits même de Mademoiselle d'Aumale, quand même ils seroient authentiques, ne seront jamais regardés pour la vie de Madame de Maintenon, que comme on regarderoit une oraison funebre. Que cette Dame ait brûlé avant sa mort des papiers ? Quelle absurdité ! d'en conclure que ceux qui auroient constitué son état, s'y trouvoient, surtout quand dans des lieux où il devroit s'en trouver, on n'en voit aucun vestige. Quand Madame de Maintenon eût dit, on ne sçaura jamais ce que j'ai été au Roi, qu'en peut-on conclure ? Sinon que cette femme habile, adroite, ne cherchoit qu'à jetter dessus son état un voile qui en pût cacher la honte apparente.

G iv

Le Czar Pierre ayant fait un voyage en France voulut voir celle qui avoit si long-tems régné sur l'esprit de Louis-le-Grand. Il fut à Saint Cyr & trouva Madame de Maintenon au lit, il la regarda attentivement. On dit seulement qu'elle dût lui paroître encore belle; au reste il laissa les spectateurs dans l'incertitude, par son silence; tout ce qu'on sçut de lui, lorsqu'il sortit de cette maison, c'est qu'il étoit surpris de trouver si peu de beauté parmi tant de filles rassemblées.

Cette illustre visite eût dû flatter l'amour propre de Madame de Maintenon, si son état ne lui eût dit sans cesse que tous les honneurs n'étoient plus que comme une ombre. La fiévre lente qui la consumoit, l'avertissoit de sa derniere heure : elle la vit tranquillement approcher. Depuis long-tems elle avoit appris à bien mourir, par une conduite réguliere & édifiante. Comme elle se défioit d'elle-même, elle craignoit les grandes douleurs d'une maladie, qui conduit à la mort. Elle difoit aux Dames de Saint Cyr, priez Dieu qu'il me les épargne. Ses vœux furent exaucés, elle mourut doucement vers les cinq heures du foir du 15 Avril 1719, après avoir reçu tous les facremens de l'Eglife, & dit d'un air tranquille adieu à toute la Communauté & au Duc de Noailles, qui vint recevoir avec fa famille fes derniers foupirs. Elle lui devoit trop pour ne pas s'acquitter de ce dernier devoir. Son grand âge fit que fa mort frappa peu; elle avoit quatre-vingt-quatre ans. Néanmoins la vieilleffe avoit refpecté fon vifage. Elle eut jufqu'au dernier moment l'efprit fain, le jugement folide. Son nom fera toujours refpecté à Saint Cyr ; & le monde parlera diverfement d'elle, mais perfonne ne lui refufera le nom de femme illuftre, par le haut rang qu'elle a occupé;

1719

G v

par son ambition, son esprit & la ma-
niére dont elle sçut feindre, se dé-
guiser dans tous les états de sa vie, &
se maintenir.

Elle fut enterrée dans l'Eglise de S.
Cyr, & son corps fut conservé dans
un cercueil de plomb. Il se présenta un
Orateur pour faire son Oraison funébre, mais le Duc de Noailles le refusa. Il sçavoit que le sujet n'étoit pas
favorable : on y pouvoit bien faire l'é-
loge de sa piété, de son amour pour
les pauvres ; mais combien de traits
dans sa vie qu'on ne pouvoit cacher.
Il eût fallu nommer Mademoiselle d'Aubigné, Madame Scaron, la gouvernante des enfans de Madame de Montespan, la maîtresse du Roi & la femme de
Louis-le-Grand. Un Orateur habile,
dira-t on, eût fait des transitions ? mais
eut-il peint Madame de Maintenon ? Le
Duc de Noailles exécuteur testamen-
taire ne voulut pas même qu'on mît

dans son épitaphe le nom de Scaron
mais l'histoire le cachera-t-elle ? & pour
ra-t-elle taire que ce nom a fait plus
d'honneur à Mademoiselle d'Aubigné
que d'autres ?

ÉPITAPHE.

CI GIT,

Madame FRANÇOISE D'AUBIGNÉ,
Marquise de Maintenon.

FEMME Illustre, Femme vraiment Chré-
    tienne :
Cette Femme forte que le Sage chercha
    Vainement dans son siécle,
    Et qu'il nous eût proposé pour modelle,
      S'il eût vêcu dans le notre :
      Sa naissance fut très-noble,
    On loua de bonne heure son esprit
      Et plus encore sa vertu.
La sagesse, la douceur, la modestie for-
    merent
Son caractere qui ne se démenti jamais,
Toujours égale dans les différentes situations
    de sa vie

Mêmes principes , mêmes régles , mêmes
          vertus :
Fidelle dans les exercices de piété ,
Tranquille au milieu des agitations de la
          Cour ,
          Simple dans la grandeur ,
          Pauvre dans le centre des richesses ,
          Humble au comble des honneurs ,
          Révérée de Louis le Grand ,
          Environnée de la gloire ,
Autorisée par la plus intime confiance ,
          Dépositaire de ses graces :
Qui n'a jamais fait usage de son pouvoir ,
          Que par sa bonté.
Une autre Esther dans la faveur ,
Une seconde Judith dans l'oraison ;
          La mere des pauvres ,
L'azile toujours sur des malheureux ;
Une vie si illustre a été terminée
          Par une mort sainte ,
          Précieuse devant Dieu.
Son corps est resté dans cette maison ,
Dont elle avoit procuré l'établissement.
Elle a laissé à l'univers l'exemple
          De ses vertus.
Décédée le 15 Avril 1719,
Née le 28 Novembre 1635.

Cette Epitaphe fut composée par l'Abbé de Vertot , on la plaça dans le Chœur des Dames de Saint Louis à Saint Cyr , où elle s'y voit.

Madame des Houlieres ne flatta pas moins Madame de Maintenon dans une épître qu'elle lui adressa & qui commence :

Toi, dont la piété, la vertu, là sagesse.

Tom. I. de ses Œuvres.

plusieurs autres ne penserent pas de même , le Comte Hamilton fit un Sonnet que tout le monde trouva très-beau, excepté Madame de Maintenon à qui il l'envoya par la poste. Il commence ainsi :

Dieu ! quels sont tes secrets ?

Madame de Maintenon étoit aussi sensible aux injures qu'aux complimens, cependant elle n'aimoit pas qu'on fît des recherches des Auteurs qui la censuroient, parce qu'elle pensoit que cela ne servoit qu'à annoncer au public leurs sottises.

Le teſtament de Madame de Maintenon ne peut guères intéreſſer le
public, je n'en parlerai donc pas,
il me ſuffit de dire qu'elle avoit aſſuré
ſes biens à ſa famille, en les en
faiſant jouir de ſon vivant pour la
plus grande partie. On ne trouva
dans ſon coffre à ſa mort que trente-
deux mille livres. Naturellement elle
étoit généreuſe & deſintéreſſée, & étoit
de peu de dépenſe. Si elle amaſſa, ce
ne fut que pour faire des parens riches
& récompenſer quelques amis. Elle
ſçavoit qu'on ne ſe les attache que par
des bienfaits.

BRUNEHAUT,
REINE DE FRANCE,
Epouse du Roi Sigebert I.

LA Reine Brunehaut est la premiere femme célébre qui se présente dans notre histoire, & dont la vie fixe l'attention du Lecteur, quoique ce ne soit pas celle qui fasse le plus d'honneur au beau sexe. L'ordre chronologique exigeoit donc que je commençasse par elle. Mais en m'assujettissant à la chronologie, je n'aurois pas pû répandre de la variété dans mes tableaux. J'aurois été souvent contraint de mettre dans un volume une suite de vies trop uniformes ou peu intéressantes pour plusieurs, à cause de l'éloignement des tems, ou parce que souvent je n'aurois eu à représenter que les mêmes caracteres. Ainsi, sans égard à la censure, je ne m'éloignerai donc point de mon plan, d'autant que toutes ces vies n'ont aucune liaison entr'elles. Néanmoins pour m'accomoder au goût de ceux qui auroient souhaité que je m'assujettisse à l'ordre chronologique, inutile ici : je mettrai à la fin du dernier volume une table chronologique.

Brunehaut étoit fille cadette d'Athanagilde, Roi des Visigots. Goyon, Maire du Palais, fut la demander en mariage au nom de Sigebert Roi d'Austrasie (1), qui sans être séduit par l'exemple de ses

____

(1) Ce nom qui signifie ou désigne l'Orient est fort commun sous les Rois de la premiere race, parce que plusieurs avoient l'Austrasie en partage, c'est-à-dire, outre les pays qui sont situés au de-là du Rhin, & soumis par les Francs, les Villes situées sur ce fleuve avec Metz, Toul, Verdun, Cambray, Mastricht, Laon, Rheims, & Châlons sur Marne. Le Territoire de ces deux dernieres s'appelloit la Champagne Austrasienne. On appelloit aussi les Rois d'Austrasie, Rois de Metz, parce que cette Ville étoit la Capitale de leur Royaume.

On appelloit Neustrie, la partie qui étoit à l'Occident. Le Royaume de Neustrie contenoit Troye & son Territoire ; c'est ce qu'on appelloit la Champagne Neustrienne ; ensuite tout

freres, réfolut de ne s'allier que dans
une Maifon royale. Le Roi d'Efpagne,
fenfible à cette propofition, fit partir fa
fille avec un grand équipage & beaucoup d'argent pour le Roi fon époux.
Pour reconnoître cette marque d'efti-
me & d'amitié, il fit recevoir partout la
Princeffe avec une magnificence que les
Romains avoient introduite partout où
ils avoient dominé. Ce qui mit le
comble à la joie de Sigebert, c'eft que
fon époufe étant à Vienne, elle eut la
complaifance de fe faire inftruire &
d'embraffer la Religion Catholique.
Voilà le fait le plus certain de fa vie ;
car, les Hiftoriens fort poftérieur à fon
fiécle, ont tout embrouillé à force de
vouloir embellir fon hiftoire d'incidens
romanefques. Ayant eu peine à diftinguer l'or du clinquant ; le vrai du faux,

---

ce qui s'étendoit depuis Sens & Paris jufqu'à la
Loire & à l'Océan, à l'exception de la Bretagne
qui n'obéiffoit aux François que par force.

c'eſt ce qui m'a toujours éloigné d'é-
crire ſa vie, ainſi que celle de Fredegonde ſa trop célébre rivale, d'autant
qu'il y a un préjugé qui ne leur eſt pas
favorable à combattre. Je dirai en peu
ce que l'on peut ſçavoir de ces deux
femmes que la prévention a rendu
odieuſes. Mais malheureuſement en
mille occaſions, c'eſt elle qui juge, qui
décide, qui nous aveugle.

Brunehaut étoit d'une rare beauté,
& avant qu'elle fût mariée elle paſſoit
pour une des plus accomplies Princeſſes
de ſon tems, c'eſt ce qui fit qu'elle fut
préférée à Galſuinde ſa ſœur aînée.
Devenue Reine, elle montra autant
d'intrigue, d'eſprit, que de méchanceté.
Son ambition, la haine, la vengeance,
paſſions immodérées lorſqu'elles ſe ren-
contrent dans les femmes, cauſerent ſa
perte & furent la ſource des guerres qui
déchirerent l'Empire François pendant
la vie de cette Reine, fameuſe dans nos
faſtes.

Frédegonde, femme trop diſtinguée par ſon eſprit, par ſon courage & par d'autres qualités qu'elle avoit reçues de la Nature en un ſouverain degré, s'étant rendu maîtreſſe du cœur & de l'eſprit de Chilperic, ſouffrit impatiemment qu'une autre femme partageât les inclinations de ſon amant. Galſuinde, femme de ce Roi, parut dit-on, un obſtacle à ſes deſſeins, Frédegonde pour la pouſſer à bout, s'appliqua à la chagriner en toute occaſion. Le Roi fit ce qu'il put pour concilier ces deux femmes, mais c'étoit tenter l'impoſſible. Deux armées de cent mille hommes ſe concilieroient plus facilement. Dans ces entrefaites Galſuinde fut trouvée morte dans ſon lit, le bruit public fut qu'elle avoit été étranglée. A cette nouvelle, Brunehaut, ſans autre examen, accuſa Fredegonde de ce crime. Elle ſeule y pouvoit gagner, diſoit-on, parce qu'étant maîtreſſe du Roi de Soiſſons,

elle avoit intérêt qu'une autre ne partageât pas son lit, & à se défaire de celle
qui empêchoit qu'elle ne pût devenir sa
femme. Brunehaut demanda justice à
Gontran, Roi de Bourgogne, & anima
Sigebert son mari Roi d'Austrasie à en
tirer vengeance ; voilà la source de l'antipathie qui régna entre ces deux femmes. Dans la suite, l'ambition la fo-
menta & fut le véritable mobile qui les
fit agir. Brunehaut fut bien-aise d'avoir
à venger la mort de sa sœur, pour se soulever contre sa rivale & pour renverser
du trône, s'il étoit possible, une femme
aussi célébre dans notre histoire que nos
Rois les plus fameux.

Brunehaut toute puissante sur l'esprit
de son mari, lui fit trouver ses plaintes
justes, ainsi qu'à Gontran : en conséquence ils se liguerent pour faire la
guerre à Chilperic & pour le punir du
crime de Frédegonde, dont il paroissoit
complice, l'ayant épousé peu de tems

après la mort de Galſuinde. Soit que ce Prince fut plus foible, ou moins heureux, on lui enleva une partie de ſes Etats, & on ne lui donna la paix qu'à condition qu'il donneroit à Brunehaut pour l'appaiſer, les domaines qu'il avoit donnés à Gulſuinde, ſuivant l'uſage d'alors, pour ſa dot. Cette paix dura peu ; Frédegonde excita ſon mari à la rompre dès qu'il le put : il en eût été de nouveau la victime, ſi Frédegonde n'eût fait aſſaſſiner ſon ennemi au moment qu'il alloit achever la défaite de Chilpéric. Pour tirer profit de ce crime, ce Prince ſe ſaiſit de Brunehaut, de ſes enfans & les enferma ; mais malheureuſement il en confia la garde à ſon fils Mérovée, qui étant devenu amoureux de ſa captive, l'enleva de ſa priſon, pour l'épouſer à Rouen. Chilperic auſſi-tôt marcha contre eux & ne leur pardonna qu'à condition que ſon fils le ſuivroit & que Brunehaut ſe retireroit en

575.

Auſtraſie. Elle obéit, mais dès qu'elle y fut, elle arme & engage ſon fils Childebert à la venger & faire la guerre à Chilpéric. Toujours malheureux, il crut que l'amour cauſoit ſa défaite : il s'en prit à Mérovée, qu'il emprisonna ; 677. mais ce Prince pour s'arracher de ſes mains ſe perça d'un coup d'épée. La mort ayant enlevé à Brunehaut ſon amant, vint encore la délivrer de ſon ennemi. Elle y gagna peu, Frédegonde ſa femme, ſuſcita contre elle, Gontran, qui devint ſon défenſeur. Se repoſant peu ſur lui, elle ne s'oublia point & fit diverſes entrepriſes contre la liberté de Brunehaut, elles furent toutes inutiles ; enfin, la mort vint délivrer Brunehaut de ſon implacable ennemie, d'autant plus heureuſement que tout alors proſperoit à Frédegonde, & qu'elle avoit tout à craindre de ſes ſuccès. Ce coup fut d'autant plus fortuné pour elle, qu'un an avant Childebert, ſon fils avoit auffi payé à la Nature le tribut que nous ui devons tous. Par cette mort elle étoit régente de fes deux petits-fils, & fon ambiton étoit fatisfaite. Pour affermir fa puiffance, elle fit la paix de tous côtés. Preffée du défir de fe fignaler, elle travailla à la converfion du Royaume de Cantorbery au Chriftianifme, & réuffit. Elle n'en put goûter la joie. Les Grands d'Auftrafie, laffés de l'adminiftration d'une femme & rougiffant de lui devoir leur tranquillité, engagerent fon petit fils Théodebertleur Roi à l'exiler. Elle le prévint, en fe fauvant chez le Roi de Bourgogne, qui étoit fon petit-fils. Preffée par le defir de la vengeance, elle l'anima contre fon frere, jufqu'à lui jetter dans l'efprit des foupçons fur fa naiffance. C'eft ainfi que la paffion l'aveugloit & l'empêchoit de voir qu'elle fe deshonoroit elle-même. Leur intérêt les ayant empêchés de fe brouiller, elle en fut furieufe. Pour le gouverner plus à son gré, elle s'appliqua à corrompre ses mœurs, & se réserva le soin de se venger de Théodebert ; car enfin à force d'intrigue l'intérêt qui unissoit les deux freres, les ayant brouillés, Théodebert en fut la victime. Fait prisonnier à Cologne, on prétend que Brunehaut avança ses jours. Thierri lui survêcu peu, ce qui mit Brunehaut dans le plus grand embarras. Elle voulut faire couronner Roi d'Austrasie & de Bourgogne Sigebert son arriere-petit fils, mais Clotaire qui voyoit l'occasion favorable pour réunir dans sa personne toute la Monarchie Françoise, en voulut profiter ; il gagna les Grands, qui lui livrerent Sigebert. Mais comme sa victoire n'étoit pas complette tant qu'il n'avoit pas entre les mains Brunehaut, il rassembla toutes ses forces pour se saisir d'elle. Brunehaut ne se laissa point abattre. Croyant qu'il falloit pour un tems céder à l'orage,

ge, elle fut se cacher & vivre dans l'obf-
curité. Mais Garnier, un de fes Officiers découvrit fa retraite, efpérant que
fa trahifon lui feroit avantageufe. Clotaire envoya auffi-tôt enlever fa proie
& fe la fit amener avec la fœur de
Thierry à Rionava fur la Vingene. Héritier des fentimens de Frédegonde, &
par conféquent l'ennemi le plus animé
que Brunehaut put avoir, il lui fit éprouver les plus funeftes effets de la vengeance. Il lui reprocha tous les crimes
dont nos Hiftoriens amateurs d.. mer-
veilleux l'accufent : les moindres furent
d'avoir caufé la mort de dix Rois ou
fils de Rois (1). Enfuite il la livra aux

____

(1) Pour trouver ce nombre, il lui nomma
Sigebert fon mari qu'elle avoit engagé dans la
guerre où il périt Mérovée fils de Chilperic qui
fe tua, & dont elle fut caufe, l'ayant fait ré-
volter contre fon pere. Mérovée fils de Clotaire, tué dans une bataille qu'elle donna près
d'Etampes. Théodebert II. fon petit-fils, fait
prifonnier à la bataille de Tolbiac. Thierry,

Bourreaux qui, pendant trois jours lui firent fouffrir à la vûe de toute l'armée les tourmens les plus inouis. Sa cruauté n'étant pas encore raffafiée, il la fit après cela monter fur un chameau & promener partout le camp, pour l'expofer aux infultes & avanies d'un foldat brutal. Après quoi on l'attacha par les cheveux à la queue d'un cheval indompté, qui après l'avoir mife en piéces finit fon tourment, mais non fon infamie & fon fupplice, car la populace ramaffa les débris de fon corps & les jetta au feu. Ce qu'il y a de plus remarquable, c'eft que l'Hiftorien qui veut nous faire croire cela, nous dit après

frere du dernier, mort de diffenterie à Metz, dit Fredegaire, trois des fils de Thierry, que Clotaire lui-même fit tuer. Ainfi, on voit aifément qu'on ne pourroit juftement reprocher à Brunehaut que la mort de Théodebert, & qu'on ne lui imputoit des crimes qu'elle n'avoit jamais commis, que pour qu'on pût publier la cruauté de Clotaire, & afin qu'on ne plaignît pas cette Reine au milieu des plus cruels fupplices qu'on lui faifoit endurer.

cette narration que Clotaire étoit un
Prince patient , humain, débonnaire ,
& fort craignant Dieu. Pour lui, je ne
sçais quelles qualités il mérite. Daniel
le badine fort, & cependant on le voit
en faire l'apologie ; car pour prouver
que le tombeau qu'on voit dans l'Eglise
de S. Martin-les-Autun est véritablement
celui de Brunehaut, il dit : ces cendres ,
ces charbons, cette molette d'éperon me
paroissent bien prouver que c'est-là le
véritable tombeau de la Reine Brunehaut. Car, en ce tems-là, on ne bruloit
point les corps des morts : mais celui
de Brunehaut fut jetté au feu. C'est
pour cela qu'on y voit des cendres , des
charbons ; quant à la molette d'éperon,
on ajoutoit des éperons aux flancs du
cheval, afin que dans le mouvement ils
le piquassent & le rendissent plus furieux. Apparemment (bonne preuve)
que dans cette agitation la molette des
éperons se détachant, tomba dans les

habits de Brunehaut, ou s'enfonça dans
la chair ; de forte que le corps ayant
été jetté au feu, cette molette fut ra-
maffée parmi la cendre. Les charbons
& les os furent mis avec tout cela dans
le tombeau. Voilà une grande précaution de la part d'un Prince qui avoit
foulé en cette occafion tous les égards
dûs à la Majefté Royale : au refte, fi
toutes ces preuves fuffifent, car elles
font toutes imaginées ; après douze fié-
cles ; ceux qui difent fimplement que
Clotaire la fit mourir, ont eu grand
tord d'oublier des circonftances qui
nous fourniroient un exemple des plus
frappans fur l'inconftance de la fortune,
unique dans fon efpéce & fuffifant pour
nous faire regarder Clotaire comme un
Néron. Car il faut obferver que Brunehaut étoit fa grande tante. De plus,
ceux qui ont rapporté les détails de fa
mort, n'étoient guères exacts, d'oublier qu'on ramaffa les cendres de Bru-

nehaut & qu'on les fit enfermer dans un tombeau , & que Clotaire voulut au moins réparer par-là l'infulte qu'il avoit faite à la Famille royale de Brunehaut, & à la fienne propre. Brunehaut étant fa proche parente par fon mari & par fa fœur qui avoit été époufe de Clotaire fon pere : mais dira-t-on ? Peut-être qu'ils penfoient qu'un fi foible honneur ne pouvoit pas effacer la honte de l'une & faire oublier la cruauté de Clotaire, & que c'étoit tranfmettre l'un & l'autre à la poftérité. Pour moi je crois qu'il n'eft pas difficile de démontrer la fauf-feté de tous ces traits hiftoriques, d'au-tant que l'Hiftorien qui nous les rap-porte , donne plutôt un roman qu'un hiftoire. Fortunat, contemporain de la Reine Brunehaut, en a dit beaucoup de bien. Saint Grégoire le grand, qui l'a-voit connue, la loue de fa piété , de fa charité & de fa fageffe dans le Gouver-nement. Il lui donne fur-tout de grands

H iij

éloges pour avoir contribué à la conversion du Royaume de Cantorbery au Christianisme. Ou il les faut regarder comme de grands flatteurs, ou bien Brunehaut sur les dernieres années de sa vie dégénéra bien: car les louanges qu'ils lui donnent sont confirmées par plusieurs ouvrages & par le témoignage de plusieurs Conciles, qui font mention de son courage, de sa fermeté, de sa grandeur d'ame & de sa libéralité envers les pauvres & les Eglises ; ayant fondé plusieurs Hôpitaux & Monasteres : faits d'autant plus incontestables que plusieurs de ces monumens de sa piété subsistent encore sur les confins du Quercy. Il n'y a ni Rois, ni Reines, dont la mémoire se soit conservée comme la sienne. Auprès de Tournai, on voit encore un de ses Châteaux qui porte son nom : les Chaussées de Brunehaut, une desquelles va de Cambrai à Arras, & d'Arras à Térouanne. Les Romains

avoient fait ces chemins, elle les fit rétablir d'une maniere digne de la grandeur Romaine. Il y a encore en Bourgogne les levées de Brunehaut. Le
Moine Aimon, qui mourut vers l'an
1004, dit que de son tems il restoit tant
de pareils monumens, qu'on s'étonnoit
qu'une seule Reine, & qui ne régna que
dans une partie de la France, en eut pû
faire tant. Il est vrai qu'elle épousa Sigebert en 565 & qu'elle ne mourut qu'en
613 ; ainsi son régne fut de quarante-
huit ans.

L'ambition qui cause tant de désordres n'est point à la vérité incompati-
ble avec tout cela, mais ce n'est point
une raison pour tirer toutes les consé-
quences qu'elle peut fournir ; d'ailleurs,
ne peut-on pas dire que Clotaire n'auroit pas osé se montrer si cruelle envers
cette Reine : le peuple lui étant dévoué, à cause de sa libéralité & des monumens de sa piété & de sa charité. Car

fi Clotaire la fit mourir ce ne fut que parce qu'il avoit deſſein d'envahir toute la France , ainſi il falloit donc ména- ger les eſprits , & il étoit de la politique de ne ſe pas montrer auſſi barbare qu'on nous le repréſente. En la faiſant ſimple- ment mourir , il pouvoit ſe juſtifier , parce qu'alors il étoit aſſez d'uſage de faire mourir les priſonniers de guerre , ſur-tout lorſqu'ils étoient redoutables. La politique Romaine avoit introduit cette barbare coutume : ſans paroître ſingulier , je crois qu'il me paroît auſſi ridicule de vouloir la faire paſſer pour une femme entierement innocente que coupable de tous les crimes que quel- ques uns lui imputent. Eſt-il croyable que les François & ſon mari euſſent vû de ſang froid répandre le ſang le plus pur. Il eſt vrai que ſouvent il arrive des choſes qui ſont hors de vraiſem- blance. Mais pour les rendre vraiſem- blables , il faut des preuves inconteſtables , & non pas des conjectures.

Voici l'Epitaphe qu'on voit fur fon tombeau & qu'on mit fans doute lorfqu'on renferma tout ce que j'ai rapporté, dans un coffre de plomb. Je laiffe aux Differtateurs à examiner, fi après huit ou neuf cens ans on peut affez bien diftinguer la cendre de la pouffiere, pour conclure en la voyant, que le corps a été brûlé & non inhumé.

Vers 1470.

> Brunehaut fut jadis Reine de France.
> Fondatereffe du faint lieu dé céans,
> Ci inhumée en fix cens quatorze ans
> En attendant de Dieu vrai indulgence.

Ceux qui ont mis cette infcription en employant le mot *d'inhumer*, n'ont pas cherché à confirmer les fentimens de ceux qui difent que fon corps fut brûlé.

FREDEGONDE,

Epouse du Roi Chilperic I.

LA vie de Brunehaut & de Frédegonde va sans doute m'attirer de nou-
vèaux reproches de la part de ceux & de
celles qui auroient defiré que je n'eus
mis fur la fcène, que des Femmes célé-
bres par des vertus. J'aurois, difent-ils,
trouvé affez de quoi m'occuper, fans re-
produire une Brinvilliers fur mon théâ-
tre. J'en conviens, & j'avois prévu que
l'amour propre de plufieurs, feroit blef-
fé, & qu'il y auroit des femmes qui auroient defiré que tout leur fût favorable, & qu'on enfevelît dans l'oubli les
vices de leur fexe : mais fi j'eus fuivi ce
plan, je me ferois fait d'autres ennemis
ou plutôt j'aurois trouvé d'autres Cen-
feurs : ils m'auroient reproché de n'a-
voir donné que des éloges ; de n'avoir

pas fait connoître le vrai caractere des femmes, de ne leur avoir pas appris qu'il eſt des vices, des défauts, des foibleſſes qui peuvent les jetter dans les plus grands égaremens. On m'auroit dit que la flatterie eſt la cauſe de la perte de preſque toutes les femmes ; que c'eſt un poiſon ſi vif, ſi imperceptible qu'il eſt bien difficile de ſe précautionner contre. En un mot, qu'une peinture naïve du vice eſt bien capable de nous en inſpirer de l'horreur, & que réfléchiſſant ſur ces funeſtes effets, & qu'en enviſageant ſes cruelles ſuites, on eſt bien plus porté à embraſſer la vertu. Les Lacédemoniens ne s'amuſoient pas à prêcher à leurs enfans que l'ivrognerie eſt un vice horrible, qu'elle met l'homme au rang des bêtes, qu'elle l'abruttit, lui ôte la raiſon, & qu'elle le rend capable de tout crime. Non : pour inſpirer de l'horreur de ce vice, ils ſe contentoient de mettre ſous leurs yeux des

H vj

hommes ivres. Ce tableau les frappoit plus que toutes leurs leçons. L'exemple du vice peut féduire, il eſt vrai; mais ce n'eſt que lorſque nous le voyons de trop près, c'eſt lorſque nous fréquentons des perſonnes qui, par leurs conſeils, leurs diſcours veulent nous le faire voir tout autre qu'il n'eſt. C'eſt lorſqu'ils nous le repréſentent aimable par les avantages qu'il nous procure & ceux qu'il peut avoir, lorſqu'on lui ſacrifie ſon devoir, ſon repos & ſon honneur : mais qu'on liſe & reliſe tant qu'on voudra l'Hiſtoire de la Brinvilliers, de Madame Tiquet, jamais on ne ſera tenté de les imiter : au contraire, leur exemple nous frappera, & nous inſpirera de l'horreur pour quiconque voudroit être leur apologiſte. Le retard cauſé par l'Imprimeur laiſſe le loiſir de placer ici ces réflexions & de répondre, ſur-tout aux Dames Bretonnes qui ſouffrent de voir qu'on peigne les femmes avec des défauts. Qu'elles se rassurent, les hommes n'en triompheront pas, ni ne pourront point triompher.

On ne sçait rien sur la naissance de Frédegonde : sa beauté la produisit à la Cour de Chilperic, & son esprit la maintint dans les bonnes graces de ce Roi, dont elle fut la maîtresse avant que d'être son épouse. Galsuinde, la femme de ce Prince, ayant été trouvée morte, comme je l'ai déja dit, dans son lit, le soupçon de cette mort tomba sur Frédegonde, & bien-tôt il se confirma quand on vit Chilperic l'épouser, presqu'aussi-tôt après la mort de l'infortunée Galsuinde. Il est bien difficile en pareil cas de prendre parti, la malignité saisit avec avidité une pareille occasion pour répandre son venin, mais la prudence l'arrête ; parce que tout ce qui est possible, n'arrive pas toujours. Au reste, quoiqu'il en soit, cè fut la source de la haine de Brunehaut contre

Vie de
Brunehaut
567.

Frédegonde, qui lui rendit bien la pareille. N'écoutant que le reſſentiment, ces deux femmes s'abandonnerent à cette malheureuſe paſſion ; on en a vû les effets dans l'hiſtoire précédente, le ſang de leurs ſujets qu'ils répandirent ne put l'éteindre. Réciproquement ils engagerent leurs maris à venger leur querelle. Sigebert en fut la premiere victime ; victorieux, il alloit s'emparer de tous les Etats de Chilperic, lorſque deux aſſaſſins envoyés par Frédegonde, lui ôterent la vie dans ſon camp.

575.

Chilpéric profita de cet aſſaſſinat, Brunehaut devint ſa captive ; il eſt étonnant que Frédegonde la laiſſa échapper de ſes mains, peut-être auſſi ne put-elle exécuter ſon deſſein, car elle ſe vengea ſur Mérovée, qui ayant délivré cette Reine, l'épouſa. Il fut aſſaſiné près de Thérouanne par les gens de Frédegonde, à ſon inſtigation, à ce qu'on prétend, ſoupçon d'autant

mieux fondé qu'on la vit deux ans après,   581.
faire assassiner Clovis, dernier fils du
premier lit de Chilpéric, sous le prétexte qu'il avoit empoisonné les trois
enfans qu'elle avoit de ce Roi ; ils
étoient morts de dissenterie.

Les Princes étant las de la guerre, la   584.
paix néanmoins se fit entre Gontran ,
Childebert , & Chilpéric ; celui-ci en
jouit peu. Revenant de la chasse, il fut assassiné à Chelles. Aussi-tôt on soupçonna
Frédegonde d'avoir eu part à cet assassinat, avec Landri, qu'on suppose qu'elle
aimoit. Grégoire de Tours , qui vivoit
dans ce tems , ne jette aucun soupçon
sur eux : il dit que ce Prince reçut deux
coups de poignards dont il expira sur le
champ, & que comme l'assassin échappa
aux poursuites qu'on fit , on ne put connoître l'auteur du crime. Ce fut quatre-
vingt-quatre ans après que Frédegaire
chargea Brunehaut de cet assassinat,
comme si elle eût dû être responsable

de tous les meurtres qui se commirent dans les trois Royaumes de France. Un Auteur plus hardi, & qui ne vivoit que dans le treiziéme siécle, en accuse Frédegonde, & pour donner un air de vrai-semblance à l'histoire, il dit que Chilpéric étant sur le point d'aller à la chasse il entra dans l'appartement de la Reine où il la trouva se lavant le visage, & qu'il lui donna par derriere un petit coup de baguette sur le col. Frédegonde croyant que c'étoit Landri, un des Seigneurs de la Cour, répondit à cette caresse d'une façon à faire comprendre jusqu'où alloit cette famliarité. La Reine ayant reconnu le Roi & s'étant apperçu de l'impression que son discours avoit fait sur son esprit, en donna avis à Landri. Pour éviter le danger, dont ils se crurent menacés, ils le firent assassiner, ensuite en accuserent Childebert. Ce dernier trait est évidemment faux, car Frédegonde n'imputa ce crime qu'au Duc de Bérulfe, Chambellan du Roi. Cet Officier mis à mort pour ce meurtre, dans sa défense ne donna aucunement à entendre que Frédegonde le chargeoit d'un crime dont elle-même étoit coupable.

Grégoire de Tours, en nous disant que ce Prince fut le Néron & l'Hérode de son tems, augmente notre doute, & donne à penser que sa mort doit être regardée comme une vengeance de la part de ceux, aux parens ou amis desquels il avoit procuré une fin aussi tragique.

Ce qui paroît disculper Frédegonde, c'est l'état où la mort de son mari la réduisoit. Pouvoit-elle rien faire de pire pour courir à sa perte ? Elle s'ôtoit le seul protecteur qu'elle avoit. Elle étoit en horreur à ses sujets pour ses cruautés, que les Historiens à la vérité exagerent de beaucoup. En exécration à Brunehaut & à son fils, dont l'une lui reprochoit la mort de sa sœur, de son mari & l'autre celle de son pere. Haïe, ou du moins appréhendée du Roi Gontran, qui avoit vû violer le sacré caractere de la Royauté, dans l'assassinat de ses deux freres. Peu assuré de la bonne volonté des Grands, qui ne l'avoient jusqu'alors servie que par crainte ou par politique : sans autre ressource dans sa fortune chancellante , que d'avoir un fils de quatre mois , dont ses ennemis vouloient même rendre la naissance suspecte : que pouvoit-elle espérer ? & que n'avoit-elle pas à appréhender ? Car voilà le triste état où la mort de son mari la réduisoit, elle le vit, y réfléchit & s'en chagrina beaucoup ; mais revenue un peu à elle-même , elle ne s'oublia point, elle tâcha par son esprit, ses intrigues de réparer le tort que la fortune lui faisoit.

Dès que la Reine sçut Chilpéric mort, elle partit de Chelles & vint en diligence à Paris implorer la protection de Ragnemode qui étoit Evêque de cette Ville. Ce Prélat, pour la mettre en sûreté contre ce qui pourroit lui arriver, soit de la part du Peuple, ou des Rois d'Austrasie & de Bourgogne, lui donna sa Cathédrale pour réfuge. Elle s'y enferma avec tous ses trésors, qui ainsi qu'elle, se trouverent dans la plus grande sûreté ; car dans ce tems, les Eglises étoient un asyle qu'on n'osoit violer.

Frédegonde échappée au premier danger, tomba dans de nouvelles inquiétudes ; elle ne savoit comment sortir de sa retraite, ni où se réfugier, ni à qui s'adresser, pour conserver à son fils au moins une partie du Royaume de son pere. Brunehaut étoit trop son ennemie pour traiter avec le Roi d'Austrasie. Gontrant ne la haïssoit guères moins, mais il étoit plus généreux : il avoit un caractere de bonté, de dou-

ceur, qui fit tout efpérer à Frédegonde.
Pleine de confiance en lui, elle lui envoya des Ambaffadeurs qui l'amene-
rent au point qu'il promit de fe rendre
au plutôt à Paris. En effet, il y vint, &
Frédegonde fit fi bien ufage de fon efprit, de fes talens, que dès lors il fe
déclara fon protecteur. Ce fut heureux
pour elle, car en même-tems Childebert fe préfenta à la tête d'une armée
pour fe faifir de Paris. Mais les Parifiens
gagnés par les émiffaires de Frédegonde, fermerent leurs portes avec d'autant plus d'affurance que le Roi de
Bourgogne fe déclara contre quiconque feroit l'ennemi de Frédegonde, &
comme depuis ce moment le Prince s'é-
tudia en toutes occafions à donner à
cette Reine des marques de confidéra-
tion, cela ramena tellement les efprits
en fa faveur, que bientôt tous les Seigneurs du Royaume vinrent fe rendre
auprès d'elle & de fon fils. Ils le recon-

nurent unanimement pour leur Roi.
Frédegonde, néanmoins, essuya plusieurs mortifications : la plus grande
pour elle fut de voir Pretectat, Evêque de
Rouen, rentrer dans son siege dont il
étoit chassé pour avoir marié Mérovée
avec Brunehaut. Gontran dit en maître qu'il le vouloit ainsi , il fallut que
Frédegonde cacha & dévora son chagrin ; mais ce fut pour le malheur de
cet Evêque. Le tems ne fit que nourrir
la haine de son ennemie & lui donner
plus de forces. Devenue maîtresse absolue, elle le fit assassiner (590) & méprisa les menaces de Gontran qui voulut prendre connoissance de ce crime.
Sa mort l'empêcha de poursuivre cette
affaire qui couvre Fredegonde à jamais
de honte.

Quoique Gontran eût pris sous sa protection Fredegonde , néanmoins il se
défioit tant d'elle , qu'il lui donna un
conseil composé des principaux Sei-

gneurs du Royaume pour gouverner avec elle pendant la minorité de son fils. Craignant encore qu'elle n'eût trop de crédit dans Paris, Ville que tous les Rois regardoient comme la Capitale de l'Empire François, & sur laquelle ils avoient tous des ptéten-tions, il l'obligea d'en sortir & de se retirer au Vaudreuil, maison Royale à quatre lieues de Rouen.

Frédegonde outrée de ce qu'on lui ôtoit ainsi une partie de l'autorité, ré-solut de s'en venger contre Brunehaut, qu'elle soupçonna d'avoir suggéré ce dessein à Gontran. Comme en pareil cas elle ne déliberoit pas beaucoup sur la maniere de se venger & qu'elle ne connoissoit qu'un moyen sûr, elle en-voya à sa Cour des gens pour l'assassi-ner ; mais son dessein fut découvert, ainsi elle n'en n'eut que la confusion: Impatiente du joug que le Roi de Bour-gogne lui avoit imposé, elle s'adressa

pour le ſecouer à Gondebaut qui ſe diſoit fils de Clotaire I. La mort de cet
avanturier lui ôta cette reſſource &
l'obligea malgré elle, de vivre pendant
quelque tems en repos dans ſa retraite,
& de ménager toujours le Roi de Bourgogne. Pour ſe maintenir dans ſon eſprit elle le pria de tenir ſon fils ſur les
fonds de baptême, moyen efficace alors
pour s'attacher un Prince, ſur-tout auſſi
religieux que Gontran. La joie de Frédegonde fut de peu de durée : elle
éprouva bien-tôt qu'on eſt plus ſenſi-
ble à la peine qu'au plaiſir. Le ſien fut
bien troublé par les funérailles que
Gontran fit faire à Mérovée & à Clovis ſes neveux. Frédegonde les avoit
fait mourir, ainſi c'étoit rappeller ſon
crime & lui faire craindre qu'on ne
cherchât à les venger. Gontran ſe contenta de la tenir toujours dans ſa dé-
pendance , d'autant qu'il y avoit une
choſe qui l'inquiétoit beaucoup. Il cou-

584.

roit un bruit, que Brunehaut & Frédegonde cherchoient à se racommoder ; il ne craignit rien tant que l'union de ces deux dangereux esprits. En effet, s'ils avoient pu se réunir, ils lui auroient donné bien de l'occupation ; car Brunehaut, étoit propre pour le conseil & Frédegonde pour l'exécution. En 588 elle entreprit de nouveau de faire assassiner le Roi d'Austrasie ; il échappa encore au danger. Celui qu'elle courut à Tournai fut bien plus grand : il fallut toute son habileté pour se sauver dans une sédition qui fut excité par la mort de trois personnes de la Ville, qu'elle fit tuer dans un festin où elle les avoit invités, sans qu'on sçache la cause de ses meurtres. Mais jamais le danger ni le crime l'arrêterent, elle sacrifioit tout à sa sûreté sans hésiter.

Une maladie dangereuse du petit Prince son fils, la mit encore à deux doigts de sa perte. Alors cette ambitieuse

tieuse envoya de grosses sommes à tous les Saints du Royaume pour obtenir, par leur intercession, la guérison du Prince, elle faisoit voir alors ce que peut la crainte sur l'esprit, & que les plus impies paroissent dans le danger les plus dévots; en effet, personne en pareille occasion ne montroit plus de dévotion qu'elle, & lorsqu'elle vouloit faire usage de ses talens, employer ses ruses, on ne pouvoit être plus habile pour s'attirer l'amitié, le respect, & même l'estime de ceux qu'elle recherchoit.

La mort de Gontran, Roi de Bourgogne fit connoître les talens qu'elle avoit pour le gouvernement & pour la guerre. Jalouse, qu'il eût laissé à Childebert les Royaumes d'Orléans & de Bourgogne & une partie de Paris, elle lui fit la guerre. D'abord, pour affoiblir son ennemi, elle excita contre lui Varoc, Comte de Bretagne, qui lui livra près de la Touraine une bataille

Tome V. I

593.

qui fut des plus sanglantes. Childebert
y survécut peu. Frédegonde ne manqua
pas de se prévaloir d'une conjecture
aussi favorable pour aggrandir le Royaume de son fils , d'autant que ce Roi ne
laissoit que des enfans mineurs qui ré-
gnerent sous le nom de Brunehaut leur
aïeule. Ainsi tout l'Empire François se
trouva gouverné par deux femmes. Frédegaire contemporain , dit qu'elles éga-
loient les plus grands Rois par leur habileté & par leur courage. Frédegonde sur-tout , se signala tellement , que
ses belles actions effacerent presque l'i-
dée de bien des crimes dont son ambition la rendit coupable ; elles ne laisse-
rent plus penser qu'à sa gloire. Son habileté répondit à son courage , & si sa
naissance avoit semblé l'éloigner de la
Couronne ; la fortune en la lui plaçant
sur la tête , sembloit ne s'être pas
trompée.

Childebert étant mort , Frédegonde

vint pour se saisir de Paris. Brunehaut
aussi-tôt envoya au secours de cette
Ville, mais Frédegonde fut au-devant
de ses troupes, les attaqua en personne
& les défit entierement. Ce n'étoit pas
en cette seule occasion qu'elle avoit
fait preuve de son habileté pour la
guerre. Après la mort de Gontran,
Childebert, ayant voulu ôter à Clotaire la petite portion qui lui restoit, Frédegonde sans s'allarmer par le
grand nombre de ses ennemis, rassembla le peu de troupes qu'elle avoit :
pour animer le soldat à bien faire son
devoir, elle courut elle-même par les
rangs, ayant à ses côtés son fils âgé
pour lors de dix ans. Pour se l'attacher
davantage avant que de mener au combat ses troupes, elle leur fit de grandes
largesses d'argent : cependant voyant
que l'armée ennemie étoit bien plus
nombreuse que la sienne, elle pensa
qu'il falloit pour la détruire avoir re-

cours à la ruse, chose que les plus habiles Généraux mette en pratique. Elle inventa un stratagême qui fait bien connoître le génie & le caractere de cette Princesse, aussi ambitieuse que les hommes peuvent l'être, & aussi propre qu'eux pour toutes les places que son sexe ne lui permettoit pas de remplir.

Frédegonde ayant proposé au Conseil son dessein, il fut approuvé d'une commune voix, le voici ; c'étoit la coutume que la cavalerie, si-tôt que l'armée étoit campée, abandonnât les chevaux, pour les laisser paître à leur gré, soit dans les prairies, dans les campagnes ou les bois. Pour les retrouver, en cas qu'ils s'écartassent, on leur mettoit des clochettes au col à peu près comme on fait aujourd'hui aux mulets. Frédegonde étant arrivée près de l'ennemi, fit mettre pied à terre aux cavaliers & abandonna les chevaux & feignit de camper; mais dès que la nuit fut venue, elle fit

décamper son armée & lui ordonna de
marcher droit au camp ennemi & de
tâcher d'y être avant le jour. Pour cacher sa marche, elle fit prendre à tous
les cavaliers des branches d'arbres
verds les plus grosses qu'ils purent porter. Ils marcherent en cet état & les
fantassins les suivirent. Arrivée près
de Trouci, notre Héroïne se saisit de
tous les postes avantageux, fit toutes
les fonctions de Général, & rangea son
infanterie en ordre de bataille à mesure
qu'elle arrivoit. Dès que le jour parut
l'armée de Frédegonde fut bientôt ap-
perçue : mais on la prit pour une forêt.
On se moqua d'un soldat d'une garde
avancée, qui dit à ses camarades,
qu'hier au soir, il n'y avoit de ce côté-
là qu'un pays découvert. On lui dit
qu'ayant sans doute trop bû, il avoit
mal reconnu le pays. D'ailleurs, n'en-
tendez-vous pas, lui dirent-ils les son-
nettes de nos chevaux qui paissent le

long de cette forêt, ils prenoient ceux
de l'armée ennemie pour les leurs. Pendant ce tems, Frédegonde avançoit à
petit pas : mais dès qu'elle se vit à la
portée du camp, elle fit sonner les
trompettes de toutes parts : aussi-tôt la
forêt s'ébranla, s'ouvrit, se dissipa & ne
fit plus voir qu'une armée qui vint avec
de grands cris donner l'assaut au camp de
tout côté. Comme l'on ne s'attendoit
point à cette attaque si brusque, & que la
plûpart des soldats étoient endormis, il se
fit d'abord un massacre effroyable. Frédegonde veilla à tout, prévoyant que
l'ennemi reviendroit de sa frayeur, elle
rallia ses cavaliers, les fit monter à
cheval & vint soutenir son infanterie,
d'autant plus à propos qu'un des Généraux de Chilpéric avoit malgré le désordre rassemblé quelques troupes : s'étant apperçu que les soldats de Frédegonde étoient plus occupés à piller le
camp qu'à combattre, il tomba sur eux

& en faisoit un grand carnage lorsque
Frédegonde arriva avec sa cavalerie. Il
fut bien-tôt obligé de fuir avec les autres. La victoire fut complette pour
Frédegonde ; mais en habile guerrier,
pour en profiter, elle marcha dès le même jour vers la Champagne & fut jufqu'à Rheims, mettant tout à feu & à
fang fur fa route. Voyant fes troupes
chargées d'un butin infini, pour le leur
conferver, elle revint triomphante à
Soiffons, où elle campa.

Jamais action ne fut fi bien conduite
ni avec tant de vigueur & de réfolution,
elle ménagea encore fi bien deux diver-
fions, que Childebert ne voulut plus fe
méfurer avec elle : il la laiffa en repos
& lui laiffa le tems d'affermir la domi-
nation de fon fils. Brunehaut n'eût pas
été plus heureufe fi la mort ne fût venue
enlever fa rivale, lorfqu'elle étoit au
plus haut point de la profpérité. Elle
mourut en 597 après avoir régné fous

le nom de son mari & de son fils trente ans. Jamais Princesse ne fut plus ambitieuse, ni femme plus vindicative. Sa vengeance alloit ordinairement à la mort de ses ennemis: Elle sacrifia tous ceux dont la perte étoit nécessaire à sa sûreté, ou à sa grandeur. Elle fut digne, dit un de nos Historiens en même-tems, & de l'exécration, & de l'admiration de postérité. Ses grands talens lui donnerent une autorité surprenante sur les Grands & les peuples de son état ; & cela dans un tems où tout étoit contre elle. Haïe à mort par deux puissans Rois ; abandonnée par tous les Seigneurs, Régente d'un Royaume assiégé de toutes parts ; mere & tutrice d'un enfant que plusieurs soupçonnoient n'être pas fils du Roi son mari, si bien qu'elle fut obligée d'aller mandier des suffrages pour faire reconnoître sa légitimité : malgré tout cela, lorsqu'elle mourut, tout plioit devant elle & elle étoit parvenue au plus haut comble de gloire, où puiſſe parvenir non-ſeulement une femme, mais un Prince. Mais enfin tout finit pour elle, & ſa gloire trop paſſagere s'éclipſa.

Elle mourut à Paris & fut enterrée dans l'Egliſe de Saint-Germain-des-Prés, qu'on appelloit alors Saint Vincent. On prétend que la figure qui eſt dans le Chœur de cette Egliſe, à gauche en entrant ſur un tombeau, eſt celle de cette Reine : du moins l'inſcription le dit. Quelques-uns veulent que cette figure ſoit originale, mais que l'inſcription eſt poſtérieure à ſon ſiécle.

Je vais finir ſon hiſtoire par un trait qui caractériſera bien cette Princeſſe & qui fera connoître combien elle étoit artificieuſe & fertile en reſſources dans le beſoin.

Il paroît que Frédegonde avoit été la premiere inclination de Chilpéric, & que par cette raiſon elle eut ſur ſon cœur

& sur son esprit plus d'empire que les autres maîtresses de ce Prince. S'il ne l'aima
pas toujours avec une égale ardeur, du
moins il est constant qu'il la chérit toujours & que jamais elle ne perdit entierement le crédit qu'elle avoit sur lui. Audevere premiere femme de Chilpéric le ba-
lança long-tems. Frédegonde le suppor-
toit impatiemment, mais comme elle
n'étoit pas encore assez méchante pour
tenter des voies violentes, elle n'eut
recours qu'à la ruse pour la perdre. Pendant que Childebert faisoit la guerre
aux Saxons, la Reine accoucha d'une
fille. On différa de la baptiser jusqu'à
ce que la mere fût relevée ; mais comme la maraine n'arriva pas assez-tôt au
gré d'Audevere elle s'impatienta fort.
Frédegonde qui s'en apperçut lui dit :
mais, Madame, qui vous oblige d'attendre plus long-tems ? Tenez-vous
même votre fille sur les Fonds de Baptême, ce sera une nouvelle preuve de

votre tendresse pour elle & un nouveau lien pour vous l'attacher. La Reine donna dans le piége sans que l'Evêque qui baptisa l'enfant y fit obstacle, & sans qu'il lui représenta que, selon la coutume de l'Eglise, la cérémonie de tenir un enfant sur les Fonds, faisoit contracter entre celle qui étoit maraine & le pere de l'enfant une alliance spirituelle, qui les empêchoit de se marier ensemble, ou en cas qu'ils eussent contracté, en rendoit l'usage illicite. Frédegonde contente, n'en parla qu'au retour du Roi. Ayant été au-devant de lui, elle lui dit après quelques discours vaques d'un ton enjoué, qu'il ne trouveroit plus sa femme, & lui raconta ce qui étoit arrivé. Au discours elle joignit les caresses & fit si bien que le Roi saisit l'occasion pour renvoyer Audevere. Il lui fit entendre d'un air fort consterné qu'il étoit fort fâché de sa faute, mais qu'elle n'avoit d'autre parti à prendre que de se retirer dans un cloître & d'y prendre le voile, ce qu'elle fit. Pour adoucir la rigueur du sacrifice, il lui donna plusieurs terres pour en jouir durant sa vie. Pour récompenser Frédegonde, il la déclara Reine de Soissons, ce qui paroît pourtant inconcevable, voyant quelque tems après Chilpéric épouser la Princesse Galsuinde. Car, enfin, étoit-il plus difficile de la déclarer son épouse que Reine? surtout dans un tems où le nom de Reine étoit bien supérieur à celui d'épouse, & où la femme d'un Roi n'étoit pas toujours Reine. On ne donnoit ce nom, qu'à celles qui étoient d'un certain rang & qui étoient d'une condition égale à celle du mari; car sans cela on ne les appelloit que *Concubines*, nom devenu depuis infâme, par la signification que l'usage y a attaché. Une concubine étoit une femme mariée, mais non avec les cérémonies & les solemnités ordinaires.

VALENTINE DE MILAN,

Epouse de Louis Duc d'Orléans, Aïeule de Louis XII. & Bisaïeule de François I.

CETTE Illustre Princesse, l'artemise de son siécle étoit fille de Jean Galeazze Visconti Seigneur de Milan, sœur & unique héritiere du dernier Duc de Milan, mort en 1447. Ce fut du chef de cette illustre Femme que Louis XII. & ses successeurs eurent des droits sur le Milanez. Galéas, pere de Valentine, déclara la Maison d'Orléans héritiere de la sienne à son défaut, lorsqu'il consentit que sa fille épousa Louis Duc d'Orléans. Le Pape Boniface IX. confirma cet article du contrat de mariage de Valentine, autant qu'il étoit en son pouvoir, l'Empire vacant. Maximilien

ſembla auſſi le confirmer en donnant
en 1501 l'inveſtiture de ce Duché à
Louis XII ; mais auſſi en 1495 il l'a-
voit donné à François Sforce qui avoit
épouſé la bâtarde du dernier Duc de
Milan. Il y avoit trouvé d'autant moins
d'obſtacle , que le Duc d'Orléans
n'avoit pu s'en ſaiſir , étant pour lors
priſonnier de guerre en Angleterre (1),
Louis XI. auroit pu depuis faire valoir les droits de la Maiſon d'Orléans,
mais loin de ſeconder le Comte de

-----

(1). Ce Prince , fils de Valentine , fut fait
priſonnier à la Bataille d'Arincourt , qui ſe donna un vendredi 25 Octobre de l'an 1415 ; comme c'étoit la troiſiéme que les François perdi-
rent un vendredi ; c'eſt ce qui fait que depuis on
a regardé ce jour de mauvais augure. Le Duc
d'Orléans reſta priſonnier en Angleterre pendant vingt-cinq ans , & ne dût ſa délivrance
qu'à la généroſité de Philippe-le-Bon , Duc de
Bourgogne , qui donna deux cens mille écus
pour ſa rançon , le Comte de Dunois donna les
cent mille autres. Le défaut de cette ſomme
le retenoit entre les mains des Anglois.

Dunois, il le traversa, ne voulant pas que les Princes de son sang s'agrandissent.

Ce fut en 1390, que Valentine épousa Louis de France, alors Duc de Touraine, & depuis Duc d'Orléans. La France commençoit alors à jouir d'un peu de repos. La minorité de Charles VI. avoit commencé les contestations & donné lieu à bien des malheurs causés par la mésintelligence des Princes. Le Roi avoit quatre oncles, les Ducs d'Anjou, de Berri, de Bourgogne & de Bourbon. Tous quatre avoient prétendu à la Régence : pour les accorder, on avoit eu recours à des arbitres qui ne purent qu'assoupir la querelle. La majorité du Roi sembloit avoir éteint tout sujet de dissensions, mais bientôt après, la France se trouva replongé dans de nouveaux malheurs. Le Roi laissa voir quelques égaremens d'esprit, perdit tout à coup la raison & entra dans des accès

de fureur qui obligerent à oublier son
sacré caractere. Sa démence augmenta
par un accident qui lui arriva à un ballet
où il eût péri sans la prévoyance de la
Duchesse de Bourgogne, qui le voyant
environné de flammes qui alloient le
consumer, se jetta sur lui & l'enveloppa
dans sa robe pour les étouffer. Depuis
ce funeste moment la démence du Roi
eut toujours un cours périodique, il eut
cependant tout le reste de sa vie de bons
intervalles, ce qui ne servit qu'à augmenter les désordres de l'Etat, parce
qu'on ne put donner une forme constante dans le Gouvernement. D'abord
le Duc de Bourgogne eut l'adminis-
tration des affaires, à l'exclusion du Duc
d'Orléans. Comme il étoit frere du Roi,
& que son droit paroissoit plus certain,
il voulut le faire valoir, c'est ce qui fut
la source de l'animosité des Maisons de
Bourgogne & d'Orléans.

Valentine aimoit son mari jusqu'à la

jaloufie, en quoi elle étoit d'autant plus à plaindre, qu'elle n'eût pas toujours fon cœur tout entier. Cependant, outre le droit, elle avoit affez de beauté pour prétendre l'avoir, car elle étoit la femme de la Cour qui eût meilleure mine. Aucune ne lui difputoit pour les qualités du cœur. Elle joignoit à un efprit orné d'une grandeur d'ame & une nobleffe de fentiment qui rendirent bien des jaloux de fon mérite pour la perdre dans l'efprit du Roi & de la Reine, fes ennemis l'accuferent d'avoir caufé la frénefie du Prince, & répondirent que c'étoit une fuite du commerce qu'elle avoit ainfi que fon mari avec les Aftrologues. Comme les plus fots trouvent toujours des apologiftes, plufieurs ajouterent foi à ces difcours extravagans. La Ducheffe les méprifa, ainfi que ceux qui en étoient les auteurs. Elle vit bien que la véritable fource de la haine de la Ducheffe de Bourgogne étoit l'ardeur avec laquelle elle

lui difputoit la préféance. La Ducheffe
de Bourgogne en étoit d'autant plus
jaloufe qu'elle craignoit de perdre fon
prétendu droit, parce qu'outre que la
Ducheffe d'Orléans étoit fœur du Roi,
c'eft comme elle le difoit fouvent qu'elle
étoit dans le cas de devenir Reine, par
conféquent maîtreffe du fort de la Maifon de Bourgogne ; ces deux femmes
s'infultoient ainfi réciproquement. La
Ducheffe de Bourgogne lui difoit que
fans fonger à l'avenir, qu'elle jouiffoit,
parce qu'alors l'ufage étoit, que la Ducheffe de Bourgogne eût le pas, comme le Duc de Bourgogne l'avoit fur le
Duc d'Orléans, à caufe de fon Duché
qui étoit la premiere pairie de France.
Mais fi l'avantage du rang, de la naiffance fembloit être pour la Ducheffe de
Bourgogne, celui de la beauté & de la
faveur étoit du côté de Valentine : ainfi
ce fut cette envie, cette jaloufie qui régnoit entre ces deux femmes qui furent

en partie cause de cette haine, dont
furent animés leurs maris & qui causa
tant de désordres dans le Royaume,
on peut cependant les imputer plus raisonnablement à la Maison de Bourgogne, parce qu'un des Chefs fut un de
ces Princes à qui les plus grands crimes
ne coutent rien pour parvenir à son but. Jean de Bourgo-gne.
D'ailleurs ses rares talens pour le Gouvernement lui donnoient un ascendant
sur les autres qui les forçoit à ployer
devant lui.

Un Maître eut pû prévenir les suites
de ces funestes divisions, & contenir
ces esprits fougueux ; mais malheureusement la France n'en avoit point, ou
si elle en avoit un, il étoit si foible qu'on
usurpoit son autorité, & qu'on n'en faisoit usage que contre lui ou contre l'E-
tat. Le Duc d'Orléans montroit dans
sa conduite autant d'impétuosité qu'il
paroissoit de flegme dans celle du Duc
de Bourgogne. Le premier se fioit sur

fon droit, & croyoit que cela fuffifoit, de forte qu'il négligeoit les précautions les plus néceffaires pour fe
maintenir. Son rival, au contraire, mettoit tout à profit & ne négligeoit rien,
il laiffoit le Duc d'Orléans jetter fon feu
fans s'étonner, perfuadé qu'il fçauroit
bien avec un peu de patience le décon-
certer. Les femmes de ces Princes
avoient à peu près le caractere de leurs
maris : mais plus fieres encore, plus
ambitieufes, plus jaloufes de l'autorité
qu'eux-mêmes, il les animoient fans
ceffe l'un contre l'autre. Pour fe fupplanter elles avoient recours aux rufes
que leur fexe fournit, & dont il n'eft
jamais avare. La Ducheffe de Bourgogne ne s'en tenoit point là ; pour fou-
lever le peuple contre fa rivale, elle
l'accufoit d'être la caufe de l'état déplorable où le Roi fe trouvoit réduit, &
l'attribuoit à fes opérations magiques, en
forte qu'elle & fes partifans répandoient

partout qu'elle avoit enforcelé ce malheureux Prince, qui, dans fes accès étoit
un objet de compaffion & de douleur
pour tout le monde. Ces calomnies s'ac-
créditerent par la charlatanerie de deux
Moines impofteurs. Ayant entrepris la
guérifon du Roi & n'ayant pû y réuffir,
ils prétendirent que le Duc d'Orléans
& fa femme avoient rendu inutiles les
effets de leurs remèdes par leurs opérations de magie. Tout abfurdes que furent ces difcours, qui couterent la vie
à ces deux infâmes débauchés, ils firent
impreffion fur l'efptit du peuple, trop
peu éclairé pour en faifir d'abord le
faux. Cependant pour ramener un peu
les efprits, le Duc d'Orléans voulut
que fa femme s'éloignât de la Cour pendant quelque tems, mais le Roi qui fe
trouvoit dans les bons intervalles, ajoutoit fi peu de foi à ces extravagans difcours, qu'il ne le voulut pas. Pour venger la Ducheffe de fes ennemis, il fem-

bla avoir en elle encore plus de confiance ; nouvelle source de jalousie, nouveau dépit pour sa rivale qui eût été
bien-tôt supplantée, si le retour de la
santé du Roi eût pû être constant, mais
en 1399, il retomba jusqu'à sept fois, &
on employa en vain toutes sortes de
remédes naturels & surnaturels pour
guérir cet infortuné Prince. La Duchesse
d'Orléans sembloit seule en avoir ; son
esprit gai, vif, enjoué, divertissoit
beaucoup le Roi. Elle étoit seule qui
eût le secret, le talent de le tirer de la
mélançolie où les réflexions sur la maladie le jettoient : aussi obtenoit-elle de
ce Prince tout ce qu'elle vouloit. Ce fut
la Duchesse qui détermina le Roi à nommer Régent son mari, pendant qu'il ne
pourroit gouverner l'Etat par lui-même.
Mais malheureusement sous un Roi foible la force seule l'emporte. Le Duc
d'Orléans voyant son parti en France
plus foible que celui du Duc de Bour-

gogne , chercha fouvent l'appui des
étrangers. Son rival ne s'endormoît
point en pareille occafion : on le vit faire
entrer dans Paris fept mille Gendarmes
qu'il logea autour de fon hôtel d'Artois,
enforte que cette Capitale fe voyoit tous
les jours en-danger de devenir la proie
des deux partis : ce qu'on craignoit avec
d'autant plus de raifon , que les foldats
de divers partis , font bientôt réunis
dès qu'il s'agit de piller. Les Chefs
néanmoins raffurerent un peu les Parifiens , en faifant toujours obferver à
leurs troupes une exacte difcipline. Il
étoit de leur intérêt de le faire, pour les
engager à refter neutres. Car le Roi
ayant nommé le Duc d'Orléans Lieutenant & Gouverneur du Royaume, il
fembloit que l'autorité royale réfidoit
en lui; mais malheureufement, c'eft que
le Prince n'avoit pas affez de force pour
maintenir fon ouvrage ; car fi le Duc
de Bourgogne le venoit effrayer , auffi-

tôt il lui rendoit ce qu'il lui avoit ôté ;
ensorte qu'on peut dire que le Duc d'Orléans n'avoit que l'apparence du crédit,
& que son ennemi en avoit la réalité.

La Duchesse Valentine étoit au dé-
sespoir en voyant que le Duc de Bourgogne détruisoit en un moment, ce qui
lui coutoit des mois de sollicitations.
Les courtisans lui étoient dévoués,
mais ils n'osoient se déclarer ; ils se
contentoient d'insinuer au Prince, au
peuple qu'il étoit naturel que le frere
unique du Roi eût le pouvoir en main,
tandis qu'il ne pouvoit pas vaquer aux
affaires de son Royaume, & que lui préférer un autre, c'étoit insulter la Majesté
du Sang royal. Isabelle de Baviere for-
tifioit ce parti, en se déclarant ouvertement pour le frere de son mari , &
1404. peut-être eût-il prévalu ? Si le Duc de
Bourgogne , sur ces entrefaites ne fut
venu à mourir. Il sembloit au contraire
que cette mort eût dû abbatre le parti
Bourguignon,

Bourguignon, en arrivant dans des circonstances où le Duc & la Duchesse d'Orléans voyoient croître leur autorité : mais le malheur de l'Etat fut, que ce Duc laissa un fils, qui pour lui succéder au pouvoir qu'il avoit à la Cour, employa les voies les plus violentes. Féroce, entreprenant, audacieux, vindicatif, rien ne l'arrêtoit. Son pere Philippe n'avoit fait usage que de sa prudence, de sa modération pour gagner les esprits, mais Jean ne chercha qu'à se faire craindre, & ne cacha point que pour régner, il falloit être l'ennemi de la douceur. Dès qu'il parut à la Cour, il commença à faire des cabales qui menacerent la France de bien des malheurs. L'on ne fut pas long-tems en suspens. On en vit bien-tôt les funestes effets. Pour soulever le peuple contre la Reine & la Maison d'Orléans, il fit répandre les bruits les plus injurieux. Un Augustin * eut même l'effron-

* Iac le Grand.

terie en prêchant, d'apostropher plusieurs fois la Reine & de lui faire publiquement les plus sanglans reproches sur sa conduite ; de lui dire qu'elle accabloit le peuple d'impôts, & qu'elle en faisoit passer l'argent en Allemagne : qu'elle & le Duc d'Orléans étoient insatiables, qu'il n'y avoit rien de plus splendide que leur Maison, tandis que celle du Roi souvent manquoit de tout.

Le Roi fut informé des discours de ce fanatique, il ne fit qu'en rire : il dit même qu'il vouloit l'entendre prêcher. Le Prédicateur enhardi par son coup d'essai, l'apostropha lui-même avec la même hardiesse. Elle révolta tous les Auditeurs & le Roi fut le seul qui ne fit aucune plainte. La Reine & la Maison d'Orléans auroient eu de l'inquiétude de cette insensibilité, s'ils ne l'avoient attribué à la foiblesse & au dérangement de son esprit ; ensorte que, quoique le parti Bourguignon affecta de ne garder aucun ménagement, ils s'en embarrafferent peu, auffi bien que des murmures du peuple, qui ne firent aucune impreffion fur eux, en quoi ils avoient tort ; car c'eft une machine fur laquelle il faut toujours veiller, parce qu'un rien la dérange. L'amour de la nouveauté, l'efpérance folle de n'avoir plus d'impôts à payer, le rend capable de toute entreprife, fur-tout lorfqu'il a à la tête quelqu'un qui fçait le faire mouvoir.

La Ducheffe d'Orléans prévoyante, fut cependant allarmée, lorfqu'elle vit que fon mari n'avoit pû prendre poffeffion du Gouvernement de Normandie, elle prévit que la fcène alloit changer, & que ce ne feroit plus une querelle de femme. Alors on s'empreffa à pacifier les efprits, on indiqua un confeil extraordinaire pour régler par fon avis les défordres de l'Etat, caufés par les divifions de la Maifon royale. Le Duc

de Bourgogne se disposa à s'y trouver,
mais de façon à y faire la loi, ensorte
que la Cour intimidée se retira à Melun,
fort consternée de n'avoir point prévû
cette espéce de conspiration. Le Duc
d'Orléans voulut rassembler quelques
soldats, mais il étoit trop tard. Il
se vit enlever par le Duc de Bourgogne, le Dauphin, pour ainsi dire dans
ses bras. Cette entreprise fit que les
Rois de Sicile, de Navarre, les Ducs de
Berri & de Bourbon, fâchés de se voir
sans autorité, se déclarèrent pour le
Bourguignon. Tout présageoit une guerre civile. Le Duc de Bourgogne la dé-
siroit, mais comme en ce cas il voyoit
tous les Princes du Sang prêts à l'abandonner & ligués contre lui, il n'osoit
la commencer. Le Duc d'Orléans étoit
plus foible que son ennemi, ainsi on
étoit assuré qu'il ne se tiendroit que sur
la défensive. C'est ce qui adoucit tout,
au moment qu'on s'attendoit à voir les

choses pouffées avec le plus de violence. On fit la paix & il fallut que le Duc
d'Orléans partageât l'autorité du Gouvernement avec le Duc de Bourgogne.
Pendant deux ans leur animofité parut
affoupie. Celle des femmes n'étoit plus
fi violente, la Ducheffe de Bourgogne
depuis fon veuvage avoit abandonné la
partie ; fa Brue vivoit tranquille, enforte
que la Ducheffe d'Orléans fembloit n'a-
voir plus rien à démêler avec elles. Mais
jaloufe à l'excès de la grandeur de fa
Maifon, elle veilloit à tout ce qui pouvoit l'affoiblir, fi la fanté du Roi eût
pû fe rétablir, elle avoit affez de crédit fur fon efprit, pour l'engager à cou-
per pié à toutes les intrigues & les jalou-
fies du Duc de Bourgogne ; mais outre
que l'efprit du Prince paroiffoit dans fes
meilleurs intervalles, s'affoiblir de plus
en plus, c'eft qu'elle voyoit encore que
le Duc de Bourgogne s'étoit abfolument emparé de l'efprit de M. le Dau-

phin qui étoit de plus son Gendre.
Qu'ainsi, si le Roi venoit à mourir, le
parti Bourguignon seroit le dominant.
Pour prévenir les fâcheuses suites de
ces événemens, elle eût désiré de voir
la réunion des Chefs , mais elle étoit
trop fiere pour faire le premier pas.
Elle pensoit qu'il s'agissoit d'un point
trop délicat pour relâcher sans y perdre
beaucoup ; elle craignoit qu'une démarche n'augmentât la fierté de son ennemi & qu'il ne s'en prévalût. Néanmoins
elle consentit que le Duc de Berri fût
le médiateur. Ce Prince dégouté des
intrigues de la Cour, agit avec bonne
foi, il y avoit travaillé plusieurs fois en
vain , il pensa que le meilleur moyen
pour les réconcilier parfaitement, étoit
d'y faire intervenir la Religion. Il proposa au Duc d'Orléans & au Duc de
Bourgogne de faire ensemble leurs dé-
votions , & de se jurer avant la Messe,
où ils communieroient *bon amour & fra-*

1407.
Novembre.

ternité, ce qui étoit beaucoup exprimer.
Ils y consentirent en apparence de bon
cœur. Ils se trouverent à l'Eglise un
Dimanche vingtiéme Novembre, firent
le serment prescrit, s'embrasserent comme freres, après quoi le Prêtre communia ces deux Princes de la même
hostie, qu'il partagea entr'eux, pour
preuve qu'ils vouloient vivre dans la
plus grande union. Ils dînerent même
ensemble, puis la suite prouva bien que
les Grands sont entr'eux irréconcilia-
bles, lorsque les intérêts ne sont pas
d'accord & qu'ils les désunissent. Le
Duc d'Orléans agit en cette occasion
avec franchise, ce qui hâta sa perte,
car le Duc de Bourgogne dès-lors mé-
ditoit la plus exécrable des trahisons,
& l'exécuta trois jours après : voici
comment.

La Reine étoit en couche à l'Hôtel
Barbette sans qu'on sache pourquoi elle
y étoit logée ; car le Roi demeuroit à

l'Hôtel Saint Paul. Le Duc d'Orléans
venoit l'y voir. Un jour qu'il y étoit
Courtensi valet de chambre du Roi, &
qui étoit d'intelligence avec le Duc de
Bourgogne, vint sur les sept heures du
soir dire à Son Altesse que le Roi le demandoit pour une affaire très-pressée.
Le Duc d'Orléans aussitôt se mit en
marche pour y aller, mais sans précaution ; car avant sa réconciliation avec
son ennemi, il n'alloit jamais dans Paris
qu'escortés de six cens hommes, tant
Chevaliers, qu'Ecuyers, qu'il avoit à
son service. Mais, soit qu'il ne se défiât
plus du Bourguignon, ou qu'il eût hâte
de se rendre auprès du Roi, il monta
sur sa mule suivi seulement de deux
Ecuyers à cheval, & précédé de deux
Pages qui portoient chacun un flam-
beau. Lorsqu'il fut près de l'Hôtel de
Rieux, tout-à-coup il se vit investi par
une troupe d'assassins qui avoient à leur
tête un Normand Gentilhomme nom-

mé Octonville & homme de main. Ce
misérable s'étoit dévoué au Duc de
Bourgogne, parce que le Duc d'Orléans lui avoit fait ôter pour quelque
baſseſſe, une Charge qu'il avoit chez le
Roi. Auſſi pour s'en venger ce fut lui
qui donna le premier coup dont il lui
abbatit une main avec une hache d'armes. Le Prince croyant que c'étoit un
quiproquo, cria, je ſuis le Duc d'Orléans:
Octonville lui répondit, c'eſt à lui à qui
nous en voulons ; en même tems il le
frappa au front, ce qui terraſſa le Duc,
qui bien-tôt eut la tête entierement fen-
du d'un troiſiéme coup que le Normand
lui donna, ſans qu'on pût le ſecourir ;
car un des Ecuyers du Duc s'étant jetté
sur le corps de ſon Maître pour lui faire
un rempart du ſien, fut auſſi-tôt tué &
n'eut que la gloire de s'être montré bon
ſerviteur. Les aſſaſſins aſſurés que le
Duc étoit mort, prirent auſſi-tôt la
fuite & ſe réfugierent dans l'Hôtel d'Ar-

tois , ayant pris avant , la cruelle précaution de répandre dans les rues quan-
tité de chauffe-trappe , pour qu'on ne
les pourfuivît pas. Le bruit de ce meurtre répandu par les fugitifs , raffembla
en peu de tems bien du monde. Le
Prince étoit méconnoiffable tant il
étoit défiguré , auffi ne le reconnut-on
qu'à fon habit. Alors on l'entra chez
le Maréchal de Rieux , qui envoya fur
le champ avertir le Roi de ce qui s'é-
toit paffé. A cette nouvelle la confter-
nation fut des plus grandes, on doubla
les gardes , & on prit les mêmes précautions que lorfqu'on craint un affaut.
La Reine ne fe croyant pas en fureté
fe fit tranfporter à l'Hôtel Saint Paul où
chacun faifoit les plus triftes réflexions
fur la fin déplorable d'un Prince doué
de toutes les qualités du corps & d'efprit , & qui n'avoit que trente-fix ans.
Comme il aimoit un peu trop fon plaifir , on crut que fa mort en étoit une

suite. On soupçonna le sieur de Varenne, Seigneur de Cani, parce que le Duc d'Orléans lui avoit enlevé sa femme. Elle s'appelloit Mariette d'Anguien, & elle eut du Duc cinq enfans, un desquels fut le célébre Comte de Dunois, chef de la Maison de Longueville.

On fut pendant quatre jours dans l'incertitude, d'autant que le Duc de Bourgogne sembla prendre part à la douleur commune : il se trouva aux funérailles du Prince qui fut enterré dans l'Eglise des Célestins avec son Ecuyer, pour récompenser sa fidélité & son zele.

Je ne m'arrêterai pas ici à peindre la douleur que ressentit la Duchesse d'Orléans, lorsqu'on lui vint annoncer la mort de son mari ; la suite ne la fera que trop connoître. Elle étoit alors à Château-Thierri. D'abord elle tâcha de l'étouffer, se flattant de pouvoir encore le secourir ou du moins de le ven-

ger. Auffi-tôt elle vint à Paris, & fut fe
jetter aux pieds du Roi pour lui demander juftice, il lui accorda volontiers fa
demande. Comme on avoit fermé toutes les portes de Paris, & que malgré ces
précautions & toutes les perquifitions
qu'on avoit faites, on n'avoit pu découvrir aucun des criminels, le Roi
ordonna qu'on cherchât jufques dans les
Hôtels des Princes & même dans fon
Palais. Cet ordre décéla le coupable.
Le Duc de Bourgogne l'entendit &
changea tellement de couleur, que le
Roi de Sicile l'ayant envifagé, il fe
trouva comme forcé de lui confier fon
embarras, ainfi qu'au Duc de Berri qui
furvint. Ils lui confeillerent de fuir,
ce qu'il fit auffi-tôt, en faifant rompre
tous les ponts par où il paffoit. Tous
les affaffins trouverent pareillement
moyen de s'évader, aucun ne porta ici
bas la peine de fon crime. Tout le monde penfa qu'il étoit horrible, mais le cri-

minel étoit trop à craindre : on craignit que le pouſſant à bout il ne ſe jettât
dans les bras des Anglois ennemi déja
aſſez redoutable. Que n'eût-il pas été
ſi le Duc de Bourgogne ſe fût joint à
lui ? Ayant toutes les forces de la Flan-
dre, de l'Artois, des deux Bourgognes,
dont il étoit Souverain. D'ailleurs, les
Pariſiens paroiſſoient déclarés pour lui,
ainſi il étoit dangereux de leur fournir
un prétexte pour le faire ouvertement :
on ſe vit donc comme forcé de ſe contenter de ſatisfactions apparentes pour
ſauver la bienféance, encore le coupable les fit-il d'un air de triomphe , qui
fit gémir en ſecret tous les Gens de
bien. Les moins prévoyans craignirent
les ſuites de ce crime & tout ce qu'on a
à redouter d'un ſcélérat qu'il faut récompenſer , lorſqu'on devroit le punir.
Mais que faire ? Dans un tems où la
maladie du Roi réduiſoit l'Etat dans la
plus fàcheuſe ſituation, & où un malheureux ſchiſme déſoloit l'Egliſe.

La Duchesse d'Orléans ne s'endormoit point cependant. Elle réveilla son parti abbatu par ce coup inopiné. Elle vint se jetter publiquement aux piés du Prince pour lui demander justice. Malgré la noirceur du crime commis contre la personne du frere unique du Roi, il se trouva forcé de se borner à promettre qu'il engageroit le criminel à lui faire quelque réparation. Elle ne put même avoir cette satisfaction, elle eut le chagrin encore de voir un misérable Docteur * être l'apologiste du criminel & étaler avec grand faste la détestable doctrine du tyrannicide. Il l'appuya sur les Loix & sur tous les principes de la Morale; il représenta le Duc d'Orléans comme un tyran, & pour rendre sa mémoire odieuse, il le chargea de toutes sortes de crimes. Il ne fit pourtant aucune mention des prétendus amours du Duc d'Orléans avec la Duchesse de Bourgogne qu'il a plu aux

* Jean Petit.

amateurs d'intrigues de faire regarder comme la principale caufe du meurtre de ce Prince. Trait que ce fanatique n'eut pas oublié, s'il eût été vrai, lui qui en inventoit tant de faux, pour rendre odieufe fa partie adverfe. Son infolente & déteftable harangue mécontenta les plus indifférens dans l'affaire. Le Dauphin, quoique Gendre du Duc de Bourgogne, ne cacha pas fon chagrin, il fortit de Paris avec la Reine, fa famille & tous les Seigneurs de la Cour, ne fe croyant plus en fureté dans un lieu où on débitoit publiquement une doctrine fi contraire à la tranquillité & à la fureté des Citoyens, & à laquelle on fembla applaudir, puifque le Bourguignon, en conféquence de cette harangue, emporta des lettres d'abolition. Il eft vrai qu'il ne les dut qu'à la feule crainte qu'on avoit de lui, mais ce coup n'en fut pas moins fenfible pour Valentine. Elle ne pouvoit penfer sans frissonner à l'impunité d'un crime aussi noir, tandis que la mort du dernier de ses valets eût été vengée. Pour calmer, pour adoucir sa douleur, son parti l'engageoit d'attendre que cet orage fut passé & d'espérer une occasion plus favorable pour poursuivre les meurtriers de son mari, elle crut la voir, mais ce ne fut qu'une foible lueur, qui ne servit lorsqu'elle fut dissipée qu'à rendre les ténébres plus épaisses.

Les Liégeois ayant déclaré la guerre à leur Evêque, le Duc de Bourgogne se trouva obligé d'aller à son secours & d'abandonner Paris. La Reine, M. le Dauphin aussi-tôt y entrérent, & trois jours après, elle se fit déclarer conjointement avec son fils Régente du Royaume. Comme elle étoit dévouée la Duchesse d'Orléans ; Valentine à cette nouvelle se promit de voir la mort de son mari vengée. En effet elle ne fut pas long-tems dans l'incertitude dès que la Reine se vit Maîtresse du Gouvernement, elle écrivit à la Duchesse d'Orléans qui s'étoit retirée à Blois pour se livrer entierement à sa douleur, de venir incessamment à Paris avec son fils pour poursuivre la nullité de l'abolition que le Duc de Bourogne avoit eu du Roi, & pour demander qu'on lui fît son procès selon la rigueur des Loix. La Duchesse aussi-tôt se mit en marche avec le jeune Duc & la Reine Douairiere d'Angleterre sa belle-fille. A quelques lieues de Paris elle trouva une partie des troupes qui venoient au-devant d'elle. Comme elle avoit rassemblé tous ses amis, le cortége fut nombreux, mais la pompe fut des plus lugubres, parce que cette grande foule de Chevaliers qui escortoient Valentine, étoit ainsi qu'elle en grand deuil. 28 Août. Ce spectacle attendrit les Parisiens. Pour le renouveller le jeune Duc d'Orléans n'arriva que neuf jours après sa mere, & parut dans un équipage non moins lugubre pour pouvoir faire encore plus d'impreſſion ſur l'eſprit du peuple, toujours avide de la nouveauté.

La Ducheſſe d'Orléans pour profiter de la fermentation que cela cauſoit dans les eſprits, donna bientôt une nouvelle ſcène & raſſembla tout ce qui pouvoit la rendre des plus touchantes, accompagnée de ſon fils, elle vint dans une aſſemblée qu'on avoit indiqué, ſe jetter aux pieds du Roi, & lui cria d'une voix lamentable qu'elle demandoit juſtice de la mort indigne & cruelle de ſon mari & du frere de ſon-Roi ; le Prince la fit auſſitôt relever ainſi que le jeune Duc, & aſſigna le 11 de Septembre pour juſtifier ſon mari des horribles calomnies, dont ſes ennemis avoient tâché de flétrir ſa mémoire. La Ducheſſe confia ſes intérêts à l'Abbé de Ceriſy, qui au jour marqué combattit ſi vivement les déteſtables ma-

ximes du Docteur Jean Petit, & fit
une fi vive peinture de l'affaffinat du
Duc d'Orléans ; de l'audace effrénée
du Bourguignon, que tous les affiftans
furent remplis d'indignation contre le
Duc de Bourgogne & fon Apologifte.
Après cela Coufinet, Avocat de la
Ducheffe, parla, & après avoir demandé
des fatisfactions civiles, requit l'ad-
jonction du Procureur-Général pour
prendre fes conclufions pour les peines
afflictives. Le Dauphin auffi-tôt prononça ›› qu'après ce que nous, & les
›› Princes du Sang royal ici préfens
›› nos Oncles avons entendu pour la
›› juftification du Duc d'Orléans notre
›› Oncle, il ne nous refte aucun doute
›› contre l'honneur de fa mémoire, &
›› nous le tenons pour innocent de tout
›› ce qui s'eft avancé contre fa réputa-
›› tion, & quant à ce que vous defirez
›› de plus (dit-il à la Ducheffe d'Or-
›› léans) il fera fuffifamment pourvû
›› en Juftice. ››

En effet la Reine preſſa le jugement,
& après pluſieurs aſſemblées des Princes, le Duc de Bourgogne fut déclaré
en plein Conſeil, le Roi y ſéant, atteint,
convaincu par ſa propre confeſſion de
l'aſſaſſinat du Duc d'Orléans, & ennemi de l'Etat : en conſéquence, ordre de
lui courir en ſus partout où il ſe trouveroit. Pour l'exécuter, on aſſembla
des troupes & on augmenta ſur-tout la
garniſon qui étoit dans Paris, ce qui
mécontenta fort les Pariſiens. La Reine
réſolut de ſe venger d'eux, mais elle
eut bien autre choſe à penſer.

Le Duc de Bourgogne pendant ce
tems avoit remporté une ſignalée victoire ſur les Liégeois & les avoit ſoumis.
Ayant appris ce qui s'étoit paſſé à Paris pendant ſon abſence, il ſe mit dès
qu'il put en marche avec ſon armée
victorieuſe, & arriva à la vue de Paris
vers le milieu du mois de Novembre,
il ſe ſaiſit bientôt de cette Capitale,

d'autant plus facilement que toute la
Maison royale l'avoit quittée & s'étoit
réfugié à Tours avec toute la Cour.
Ainsi la joie de la Duchesse d'Orléans
ou plutôt son contentement fut de bien
courte durée. Prévoyant le nouveau
triomphe de son ennemi, & le voyant
de rechef insulter à son malheur, elle
en conçut tant de chagrin, que toutes
ses forces l'abandonnerent, & que pour
cette fois elle y succomba. Elle mourut
à Blois dans les bras de sa famille &
de ses amis le 4 Décembre. Ce fut une   1408.
grande perte pour son fils aîné Charles
d'Orléans, outre qu'il perdoit une tendre mere, c'est qu'il se voyoit privé par
cette mort de presque son unique appui.
n'ayant au plus que seize ans, il n'étoit
point en état de défendre ses intérêts,
ayant à vaincre une ennemi si redoutable, qu'il faisoit la loi à son maître.
Valentine étoit seule en état de s'opposer à la condescendance de la Cour;

elle étoit, par son esprit, par son adresse, par sa facilité à gagner les cœurs, par la vivacité avec laquelle elle poursuivoit une juste vengeance, le parti le plus redoutable que put avoir le Duc de Bourgogne : aussi lorsqu'elle fut morte, tout plia devant lui. Le Duc eut de nouveau des lettres d'abolition, & le Duc d'Orléans fut comme forcé d'y souscrire. On accorda quelques larmes à la Duchesse, & l'on crut avoir fait beaucoup. Les gens de biens lui en accorderent de plus sinceres. Ils étoient tous unanimement pour elle, & tous la respectoient, tant à cause de son affection pour son mari que de sa tendresse pour ses enfans. Elle les éleva avec un soin admirable, & suivant les principes de cette illustre Romaine, elle les regardoit comme ses plus précieux bijoux. Un de ses plus grands regrets en mourant fut de penser qu'elle les laissoit dans un âge trop tendre pour n'être pas exposés à la mauvaise fortune de sa Maison. Quoiqu'elle fût extrêmement jalouse, & qu'elle souffrît fort impatiemment les attachemens de son mari, néanmoins elle prit un soin particulier de ses bâtards. Elle s'attacha singulierement à veiller sur l'éducation de celui qui est si connu sous le nom de Comte de Dunois. Elle lui trouva dès son enfance un si beau naturel qu'elle ne put s'empêcher de l'aimer tendrement : elle ne le distinguoit point de ses propres enfans. Lorsqu'elle se vit au lit de la mort, elle fut touchée sensiblement de voir qu'il alloit perdre son plus ferme soutien, & qu'elle ne pouvoit lui laisser à partager que la triste situation où se trouvoit sa famille. Aussi dès qu'elle fut morte, pour lui assurer un état on le destina à l'Eglise. Mais le Duc d'Orléans & le Comte d'Angoulême (1) étant prisonniers en

_____

(1) Ce Prince resta trente-deux ans en An-

Angleterre, on lui fit reprendre l'épée
pour le bonheur de la France. Cependant alors on se proposoit seulement de l'opposer à la Maison de Bourgogne, dans l'espérance qu'animé par
les sentimens de Valentine, il vengeroit la mort du Duc d'Orléans son pere.
Cette vengeance fut réservée à Charles (VII) Dauphin, on sçait comment
il fit périr à Montereau le meurtrier de
son oncle; quelles furent les suites de
cette mort ? Comment Charles VII.
fut obligé de conquérir à la pointe de
son épée son Royaume, & qu'il fallut
plus de trente ans pour remettre la

gleterre pour une somme qui nous paroîtroit
aujourd'hui bien modique, mais les malheurs
de la France étoient tels que l'Etat ne pouvoit
fournir la moindre somme pour racheter les
deux premiers Princes du Sang. Ce Comte
d'Angoulême qui fut aïeul de François I. fut
à son retour d'Angoulême préposé pour être
Pape, afin de finir le schisme; & quoique Laïc
il se vit sur le point d'emporter la thiarre sur
tous les Cardinaux : & eut la gloire de la devoir qu'à ses vertus.

France

France de ſes pertes, & pour réparer
le mal que la diviſion dans la Maiſon
Royale cauſa. On vit pendant ce tems
les plus étranges révolutions. Les deux
premiers Princes du Sang furent aſſaſ-
ſinés, l'héritier de la Couronne fut deshérité à l'inſtigation de ſa mere & un
étranger le plus grand ennemi de l'Etat,
mis en ſa place, fut ſacré à Paris dans
Notre-Dame & mourut tranquillement
à Vincennes. Une fille rétablit toute
choſe, & quant cet héritier deshérité, &
réduit à la ſeule Ville de Bourges, meurt;
il a la gloire d'avoir enlevé à ſon ennemi une partie de ſon patrimoine; ſçavoir, la Normandie & la Guyenne,
où l'Anglois étoit cantonné depuis ſi
long-tems.

> Jeanne
> d'Arc.

ELISABETH-CHARLOTTE
DE BAVIERRE,

*Comtesse Palatine du Rhin, Duchesse
d'Orleans.*

QUELQUE belle que soit la vertu par elle-même, on ne peut disconvenir que la grandeur ne lui donne un nouveau lustre. On est bien plus frappé d'admiration, lorsqu'on la voit sous la pourpre que sous la bure ; aussi peut-on dire qu'elle ne paroît jamais mieux dans toute sa beauté, que lorsqu'elle se trouve sous les lambris dorés. Un pauvre Vertueux attire au moins nos regards, mais un grand, un riche vertueux les fixe. Il nous étonne, nous jette dans l'admiration ; nous le respectons, nous l'aimons & nous lui donnons notre estime malgré nous. C'est ce qui devroit bien engager les Grands à se faire voir

ainſi, d'autant qu'il leur eſt bien plus facile d'être vertueux qu'à d'autres : qu'il
eſt pénible à qui vit dans la miſere
d'avoir la délicateſſe de ſentiment néceſſaire. C'eſt un écueil qui fait faire nau-
frage ſouvent à la vertu la plus épurée.
Le beſoin nous ôte la raiſon, le courage ; il nous rend bas, rempans, ſer-
viles & mercenaires, & peu-à-peu il
nous brouille avec la vertu, dangers
auxquels la grandeur n'eſt pas ex-
poſée.

Charlotte de Baviere naquit le 7
Mai 1652 : elle étoit fille de Charlotte
de Heſſe & de Charles-Louis de Ba-
vierre, Comte Palatin du Rhin, &
Electeur (1). Ce grand homme convaincu par mille exemples qu'une jeune
plante exige bien des ſoins, qu'elle ne

______

(1) Par la Paix de Munſter en 1648, il avoit
été rétabli dans ſon Electorat, dont Fréderic
ſon pere avoit été dépoſſédé lors de ſon entrepriſe ſur la Bohéme.

vient qu'autant qu'on en prend pour la cultiver, & que personne ne s'y porte avec autant de zèle que ceux qui y ont un intérêt particulier, ne crut pas que malgré son rang, il fut indigne de lui, de veiller sur l'éducation de la Princesse. La regardant comme ce qu'il avoit de plus cher, il ne s'en rapporta qu'à lui-même, pour jetter en elle les semences de la vertu. Il fut assez heureux pour lui en voir recueillir les fruits. Réfléchissant d'abord pour elle, le sentiment & l'expérience lui apprirent que l'ame est une espéce d'agent dont l'activité se développe par une suite continuelle d'opérations différentes, & que pourvu que nous apportions les soins & les attentions qui dépendent de nous, elle nous conduira à la connoissance de la vérité & nous la fera discerner de l'erreur; elle nous formera à une vie vertueuse & tranquille; elle nous inspirera une rectitude naturelle qui ne peut être détruite

que par une mauvaise éducation, par
des habitudes vicieuses ; des passions
déréglées & des préjugés qui obcurcis-
sent les lumieres d'esprit ; par des inclinations qui étant des mouvemens im-
pétueux, turbulens tirent l'ame de son
assiete naturelle & l'empêchent souvent
de bien diriger ses opérations : ainsi il
faut donc mettre en nous de quoi combattre tous ses ennemis, nous inspirer
tout ce qui est propre à nous rendre
heureux : cela sur-tout est essentiel pour
les favoris de la fortune qui ne peuvent
l'être au sein de l'abondance , qu'autant qu'ils pourront trouver la tranquillité du cœur. La difficulté est de
l'acquérir, mais il n'y a que le tems, les
réflexions qui peuvent nous la donner,
c'est ce dont le pere de la Princesse tâcha de la persuader, en lui mettant sous
les divers tableaux de la vie, ses devoirs dans les différens états où elle
pourroit se trouver. Tant de dépenses

& tant de ſoins firent naître dans le cœur de la jeune Princeſſe mille qualités qui lui acquirent l'affection & l'eſtime de tous ceux qui la connurent & l'approcherent. La renommée bientôt les publia, & l'on ne tarda pas à connoître la Princeſſe à la Cour de France, où chacun porta un jugement ſi favorable, que Louis-le-Grand ne vit perſonne qui convînt mieux à M. Philippe de France, Duc d'Orléans ſon frere unique. Il y avoit d'autant plus de choix à faire qu'il falloit lui faire oublier pour ainſi dire Henriette d'Angleterre (1) ſa femme qu'il venoit de perdre.

---

(1) Henriette d'Angleterre, fille du Roi Charles I. qui eut la tête tranchée à Londres le 9 Fevrier 1649 fut la ſeule de tous les enfans de ce malheureux Roi, qui ſe trouva auprès de ſa mere pendant ſa diſgrace. Fille d'Henri IV. elle ſe réfugia en France & ſe retira avec ſa fille dans le Couvent de Sainte Marie de Chaillot. Elle s'appliqua toute entiere au ſoin de l'éducation de la Princeſſe. Son

Il se trouvoit cependant un obstacle
pour la lui faire épouser , c'est que la

frere fut rétabli sur le trône en 1660, ce qui assura
le sort de cette Princesse. La Reine Mere avoit
souhaité de la faire Reine de France , tant qu'il
n'y avoit pas apparence que son fils épousa l'In-
fante sa niéce. Pour dédommager la Princesse ,
lorsque le mariage du Roi fut achevé , elle songea à lui faire épouser Monsieur. Ce qui fut
exécuté : les intéressés parurent contens. Néanmoins le Prince n'eut jamais pour elle que des
égards sans inclination , mais le miracle d'en-
flâmer son cœur n'étoit réservé à aucune femme du monde : au lieu que la Princesse se fit
aimer de toutes les femmes & adorer de tous les
hommes : dès qu'elle parut à la Cour , il n'y eut
rien qu'on pût lui comparer , aussi en fut-elle
bientôt tout l'ornement. Tous les hommes
s'attacherent à elle , & en peu de tems toute la
France se trouva rassemblée dans son Palais.
Le Roi même se mit au nombre de ses courtisans. Il eut tant d'attention pour elle , que cela
fit grand bruit. La Valiere rompit cet attachement. Le Comte de Guiches en consola Madame, ce qui causa beaucoup de dissentions à la
Cour , & dans le ménage : car Monsieur étoit
extrêmement jaloux.

On peut lire le détail de toutes ces intrigues,
dans les Mémoires de Madame la Fayette. Tout
ce que je dirai ici , c'est que tout ce qui étoit
pé ileux parut long-tems agréable à Madame.
Elle ne s'attacha au Comte de Guiches que
parce qu'elle ne pouvoit le voir qu'avec beau-

Princesse n'étoit pas Catholique. Son pere étoit fort attaché à sa Religion,

roup de dangers ou parce qu'il étoit absent. Néanmoins la Duchesse se maintint toujours auprès du Roi par la sincérité avec laquelle elle lui disoit tout. On en étoit souvent étonné. Mais elle répondoit que dans toutes les matieres embrouillées, la vérité seule tire les gens d'affaire.

Louis XIV. voulant punir les Hollandois de la ligue qu'ils avoient faite avec l'Empereur & le Roi d'Espagne songea à s'assurer du Roi d'Angleterre. Il confia ce secret à Madame & la chargea de cette négociation. Pour rendre son voyage en Angleterre moins suspect, le Roi fut visiter ses Conquêtes du Pays-Bas. Comme il publia que ce n'étoit qu'un voyage de plaisir, il voulut que toute la Cour le suivît. La Duchesse d'Orléans alors prit le prétexte du voisinage pour aller jouir à Londres du plaisir, de voir paisible possesseur de son Royaume son frere rétabli sur le trône par une révolution presqu'aussi prompte, que celle qui en avoit chassé son pere. Elle agit si bien, qu'elle parvint à le détacher de la triple alliance, & pour assurer son ouvrage, elle laissa auprès du Roi Madame de Portsmouch qui servit bien la France. Madame reparut à la Cour de France avec toute la gloire & le plaisir que peut donner un heureux succès & la satisfaction d'avoir vû un frere qui lui avoit témoigné une tendresse que les gens de la Cour n'éprouvent guères, quoique leur cœur ne differe en

& comme il avoit inspiré à sa fille les mêmes sentimens, il y avoit à craindre

rien de celui des autres. Il eut pour elle une considération extraordinaire. Quelle gloire pour la Princesse! de se voir à 26 ans le lien de deux Rois, ayant entre les mains un traité d'où dépendoit le sort d'une partie de l'Europe. Elle étoit si aimable que chacun lui rendoit hommage, ce qui devoit d'autant plus la flatter, qu'on le rendoit plutôt à la personne qu'au rang. Enfin elle se trouvoit dans la plus agréable situation que puisse désirer une Princesse, lorsqu'une mort inattendue vint terminer le cours d'une si belle vie. Elle mourut en moins de huit heures à Saint Cloud le 30 Juin 1670, dix huit jours après son retour d'Angleterre. On raisonna beaucoup sur cet accident. Le Public l'attribua au poison, & l'on ne put l'en désabuser, parce que la Princesse eut une colique si violente qu'elle dit elle-même qu'il falloit qu'on l'eût empoisonnée : elle en fut d'autant plus persuadée, qu'elle ressentît des douleurs effroyables aussi-tôt qu'elle eut bû un verre d'eau de chicorée ; comme elles n'étoient point celles d'une colique ordinaire, on lui donna le contre-poison qui ne fit aucun effet & lui fut peut-être plus nuisible que salutaire ; car sa femme de confiance fit l'essai de l'eau & n'en ressentit aucune incommodité. Ce qu'on peut dire de plus assuré, c'est qu'elle fut victime des Médecins. Elle mourut dans leurs bras au moment qu'ils assuroient encore à Monsieur sur leur vie, qu'il n'y avoit point de danger. Ils tinrent ce

K v

qu'elle ne voulût pas les quitter, d'autant qu'en fait de religion ou de choses que les femmes n'entendent pas, elles sont toujours les plus entêtées & les plus opiniâtres à persévérer dans leurs premiers sentimens. Mais heureusement

langage pendant cinq heures. La Princesse leur disoit tranquillement, dites plutôt qu'il n'y a point de remède, car je connois mieux mon mal que vous. Ils la saignerent tandis qu'il ne falloit qu'une évacution pour la tirer d'affaire. Mais ils s'entêterent à ne lui rien donner pour l'aider, tandis que la nature le demandoit, par les envies continuelles de vomir que Madame avoit. Ils furent pendant deux heures entieres sur l'attente de l'effet d'un lavement, & jamais ils ne voulurent l'aider tandis qu'il étoit tems. Le Roi vint; il fut moins frappé de l'état de la Duchesse que de l'ignorance des Médecins. Il vit qu'ils avoient perdu la tramontane, qu'ils ne sçavoient ce qu'ils faisoient : il essaya de leur remettre l'esprit; mais en vain, ils persisterent à dire qu'il falloit attendre. La Princesse ne dit rien autre chose qu'il falloit donc mourir en forme, elle fit à Dieu le sacrifice de sa vie, & le consomma avec un courage, une fermeté sans égale ; après avoir reçu tous les Sacremens de l'Eglise qu'elle demanda avec instance. Tous ceux qui la connoissoient partagerent avec Monsieur la douleur que causa une perte semblable.

qu'Elisabeth étoit fort docile, par conséquent il fut plus facile de la convaincre. Son pere lui laissa toute liberté,
ainsi on ménagea son cœur & son esprit:
pour mieux l'amener au but, on lui mit
sous les yeux l'exemple de Madame la
Princesse Palatine sa tante, qui étoit
Catholique. On lui demanda si elle ne
pouvoit pas, & même si elle ne devoit
pas embrasser sans crainte une Religion
qui la rendoit un modele de toutes les
vertus, & s'il n'étoit pas plus sûr pour
elle, & de sa prudence, de choisir celle
de toutes les Religions qui fait le plus
d'honneur à l'homme : où il y a le moins
de danger de tomber dans le déregle-
ment ; & où l'on est pas dans l'incertitude de se perdre pour jamais. Malgré tout ce qu'on peut dire à la Princesse, elle combatti long-tems ; il falloit étouffer les préjugés de l'éducation,
il falloit pour ainsi dire faire taire la
tendresse qu'elle avoit pour son pere, à

L vj

qui elle craignoit fort de déplaire ; tout cela étoit une barriere bien difficile à rompre , néanmoins on en vint à bout, le désir qu'elle avoit de voir la Cour de Louis-le-Grand dont on parloit si avantageusement par toute l'Europe , l'étourdit un peu. Elle commença à désirer ce qu'elle craignoit de faire. Enfin peu-à-peu, elle ouvrit les yeux à la vérité , & elle se rendit , s'étant instruite assez pour ne pas mériter des reproches , même du parti qu'elle abandonnoit.

Le P. Jourdan , Jésuite , eut le triomphe de cette victoire, qu'on ne dût cependant qu'au respect & à la tendresse que la Princesse avoit pour son auguste tante. Résolue d'abjurer la Religion , elle partit pour Metz où elle fit abjuration le 6 Novembre 1671. Le 22 du même mois, elle épousa à Châlons Monsieur qui avoit été représenté à Metz par le Maréchal du Plessis. La cérémonie faite, son mari la conduisit à Villers-Cotteret, où le Roi les attendoit.

La France ne tarda pas à connoître l'inestimable trésor qu'elle possédoit. On reconnut dans cette Princesse un cœur droit, vrai, sincere & docile ; une femme fidelle à ses promesses ; exacte à répondre aux bienséances de son rang ; à remplir les devoirs de l'humanité & de Religion : une épouse chaste, tendre, complaisante, souvent jusqu'à l'excès ; c'est en quoi elle peut être un modéle pour les femmes : douce, bienfaisante, complaisante, elle étoit la mere de tous les malheureux : généreuse, elle étoit la ressource des indigens : elle eût été une femme parfaite, si elle eût pû vaincre sa fierté. Les Grands sur-tout s'en appercevoient & s'en ressentoient ; il sembloit qu'elle fût née pour les commander : aussi la craignoient-ils plus qu'ils ne l'aimoient. Son pere s'étant ligué dès 1674 avec l'Empereur contre le Roi ; son cœur fut déchiré en apprenant tous les maux que la guerre causoit à sa Patrie. Mais quoique la France eût part à ces tristes événemens, jamais néanmoins elle ne murmura : unie à la France, ses intérêts devinrent les siens. C'est ce qui lui épargna bien des chagrins & ce qui lui mérita l'estime & la confiance de Louis-le-Grand. Sensible, extrêmement aux malheurs de la guerre, elle eût désiré que le Roi ne fît pas valoir les droits, les prétentions qu'elle avoit sur la succession du feu Electeur son frere, moins par considération pour le Duc de Neubourg nouvel Electeur Palatin, que parce que le peuple innocent étoit la victime infortunée de tous les démêlés, & parce qu'il est comme inique de n'acquérir qu'aux dépens de la vie de ceux qui n'ont rien à prétendre & qui ne disputent rien.

Devenue mere, elle rendit à ses en-

fans l'éducation qu'elle avoit reçue de
fon pere. Elle voulut qu'il n'y eût
qu'elle qui eût infpection fur leur conduite, & jamais elle ne fouffrit qu'une
main étrangere les corrigeât : il eft vrai
que c'eft une fuite de fon caractere hautain : elle eût cru fes enfans deshonorés,
fi un autre bras que le fien les eût
frappés. Elle avoit un talent fingulier
pour les élever ; auffi étoit-elle perfuadée que c'eft le premier devoir d'une
mere, & qu'il n'y en a point qui doivent tant l'honorer. Elle penfoit bien
différemment de ces meres qui regardent
l'éducation de leurs enfans, comme le
plus pénible fardeau qu'elles puiffent
s'impofer, & qui ne croyent jamais
trop tôt s'en décharger. Elle ne pouvoit croire qu'il y en eût pour ainfi dire
d'affez maratres pour donner ce foin à
des étrangers, & à des mercenaires,
fur-tout lorfqu'elles étoient fans occupations. Il n'y en avoit point felon elle

de plus noble, que de former des Citoyens pour l'Etat. Un enfant ne peut
tenir compte à fa mere de la vie qu'elle
lui donne, c'eſt un acte involontaire
dans elle ; parce qu'elle y eſt comme
néceſſitée. Il ne doit ſa naiſſance qu'à
l'Auteur de la Nature. Mais quelle re-
connoiſſance ne doit-il pas avoir ! pour
celle qui veut bien l'allaiter, le nourrir,
veiller ſur ſes jours, ſa ſanté ; qui ſe
charge volontairement de ſon éducation, qui étudie ſon caractere, ſes inclinations, pour lui en découvrir les
convenances ou diſconvenances avec
notre félicité : qui forme ſon cœur
au bien ; qui lui apprend que la raiſon
eſt ce guide fidele, qui doit diriger
l'homme dans tous ſes pas, & dont on
peut ſuivre la direction & les conſeils
avec une entiere confiance : pourvû que
nous connoiſſions quels ſont les caracteres des vrais biens & des vrais maux :
pourvû que nous ſçachions en quoi con-

fiste la véritable félicité, & quelle eft la route certaine pour y parvenir : pourvû qu'on nous ait appris à placer chaque chofe en fon rang, à donner à chacune fon véritable prix & à régler en conféquence nos defirs, nos recherches & notre volonté, & comment une éducation négligée nous jette dans des égaremens de cœur ou d'efprit très-préjudiciables ; quelles obligations n'a-t-on pas à ceux qui ont fçu par leurs foins nous en garantir !

Madame aimoit tant les enfans que les autres lui confioient l'éducation des leurs : ce fut-elle qui éleva la Reine d'Efpagne (1) & la Reine de Sardaigne. Tous les enfans de fon mari furent les fiens, jamais il n'y eut de meil-

---

(1) Marie-Louife d'Orléans, fille d'Henriette d'Angleterre, mariée à Charles II. Roi d'Efpagne, morte en 1689.

Anne-Marie, mariée à Victor Amedée, Duc de Savoie, morte en 1728.

leure mere. Elle fut récompensée de ses soins par la tendre affection qu'ils eurent toujours pour elle. Dans tous les tems ils lui porterent un respect que le rang jamais n'affoiblit. Elle régna sur le Régent son fils, tandis qu'il commandoit à toute la France. Mademoiselle si connu sous le nom d'Abbesse de Chelles lui donna quelques chagrins, mais qu'elle étoit excusable dans ses torts. Cette vertueuse Princesse s'étant dégoûtée du monde, à un âge où il a cependant mille attraits, mille charmes pour séduire une jeune personne, & ayant reconnu les dangers attachés à son rang, résolut pour les éviter de s'envelir dans le Cloître : sa mere l'aimoit avec la tendresse qu'on a pour un enfant qu'on a élevé & qu'on a jamais perdu de vue ; car qu'il me soit permis de dire ici en passant, que le peu de tendresse que bien des meres & peres ont pour leurs enfans, que les chagrins

qu'ils leur donnent, ne viennent pour
l'ordinaire que de l'éloignement où ils
les tiennent de leur maison : dès qu'ils
sont nés on les envoye en nourrice, on
ne les en retire que pour les mettre dans
un Couvent, dans une Pension, d'où il
ne sortent que pour s'établir, en sorte
qu'on peut dire qu'ils ne distingueront
jamais leurs parens, des autres. On a
beau dire que la nature parlera toujours :
comment le feroit-elle ? Elle n'a jamais
été développée.

Mademoiselle connoissant l'affection
que Madame avoit pour elle, prévit bien
que jamais elle ne consentiroit qu'elle
se séparât d'elle : d'ailleurs elle connoissoit sa fermeté ; ainsi étourdie par ses
désirs, oubliant ce qu'elle devoit à ses
parens, elle se détermina, résolue à ne
leur pas obéir, de les quitter sans leur
communiquer son dessein. Son Directeur aussi téméraire qu'elle, lui dit qu'elle
pouvoit prendre ce parti violent, que

la Religion cependant condamne. Elle gagna une de fes femmes, & fans beaucoup de réfléxion fur fon imprudente démarche, elle s'efquiva du Château & partit de Saint Cloud à fix heures du matin pour s'aller jetter pour ainfi dire en défefpérée dans un Cloître.

On s'imagine aifément dans quelle inquiétude elle jetta toute la maifon lorfqu'on ne la trouva plus & qu'on ne fçut ce qu'elle étoit devenue. On voulut le cacher à fa mere, mais accoutumée à la voir à fon lever pour lui rendre fes devoirs, on ne put point. Dailleurs, l'air morne & trifte de tous ceux qui l'approchoient, lui annonçoient encore quelque chofe de plus finiftre : enfin on lui dit le fujet, ce qui renouvella fes inquiétudes qui ne furent calmées que lorfqu'elle apprit le lieu de fa retraite. Auffi-tôt elle court, elle y vole, elle fe plaint, elle demande tendrement à cette chere fille ce qui l'a pû déterminer à prendre un parti aussi violent : elle lui repréfente les dangers de l'état qu'elle fe propofe d'embraffer, mais les difcours, les reproches, les foupirs, les larmes furent inutiles. Fidele aux attraits de la grace, Mademoifelle n'y put réfifter, & Madame fe vit obligée de conduire elle-même la victime à l'Autel. Ce ne fut point-là fon dernier chagrin.

La Ducheffe pleuroit encore la perte de fa chere fille lorfque Monfieur vint à mourir, ce fut le 9 Juin 1701 qu'il finit fes jours à S. Cloud à l'âge de foixante-un ans. Voici ce que Madame de la Fayette penfoit de ce Prince » Ses in-
» clinations étoient auffi conformes aux
» occupations des femmes, que celles
» du Roi en étoient éloignées. Il étoit
» beau, bienfait, mais d'une beauté &
» d'une taille plus convenable à une
» Princeffe qu'à un Prince, auffi avoit-
» il plus fongé à faire admirer fa beauté

» de tout le monde, qu'à s'en servir
» pour se faire aimer des femmes, quoi-
» qu'il fût continuellement avec elles.
» Son amour propre sembloit ne le
» rendre capable que d'attachement
» pour lui-même. » On peut cependant dire qu'il fut bon mari. Madame Charlotte étant d'un caractere bien différent de celui de Madame Henriette sa premiere femme, elle eut bien plus à se louer de lui. Si ses jours furent moins brillans, elle en fut dédommagée par le bonheur qu'elle goûta avec S. A. Ils furent sereins & exemts de ces inquiétudes qu'entraîne après soi une conduite que la décence & le devoir quelquefois condamnent; car une femme ne doit pas seulement être vertueuse, elle doit encore s'orner de tous les dehors de la vertu.

La mort de Monsieur causa une telle douleur à Madame, qu'elle forma le dessein d'aller s'enfermer avec sa chere fille : n'écoutant plus que sa tristesse, elle fut trouver Louis **XIV.** pour lui confier son dessein ; mais ce grand Roi qui avoit pour elle toute la tendresse d'un frere pour une sœur, & qui ne vouloit pas enlever à sa Cour un de ses plus ornemens, l'empêcha de l'exécuter. Il lui représenta qu'il y avoit assez dans le Cloître de modeles de vertu ; qu'elle devoit apprendre aux femmes qu'il peut s'en trouver à la Cour,& que la vertu & le devoir peuvent s'allier avec la grandeur. Madame eut pour Sa Majesté cette complaisance. Ce n'étoit pas la seule preuve qu'elle lui en avoit donné.

Le Roi persuadé qu'un bon pere doit autant qu'il peut pourvoir à l'établissement de ses enfans, sur-tout lorsque leur état n'est pas certain, songea aux siens, d'autant que si sa mort venoit à arriver, qu'elle rendoit leur fortune fort chancelante, la politique demandant qu'on n'élevât pas trop haut des enfans naturels. La fienne étant toute oppofée à celle-là, il voulut les faire monter fi haut, qu'on ne put les en faire décheoir. Pour cela il réfolut d'unir ce fang étranger avec le fien. S'il réuffiffoit, l'intérêt devenoit commun. Il propofa donc à M. le Duc de Chartres Mademoifelle de Blois. Le Prince connoiffant le caractere de Louis-le-Grand, qui ne vouloit point d'oppofitions de quelque part qu'elles vinffent, n'ofa le mécontenter. Il répondit feulement qu'il feroit ce que Monfieur & Madame défireroient : qu'il leur devoit trop, pour ne pas les confulter fur un fujet fi important. Il en parla à fa mere, qui, dans le premier mouvement, lui donna un foufflet pour toute réponfe : pendant long-tems elle ne voulut rien entendre, elle penfoit que le fang de Madame de Montefpan fouilleroit la pureté du fien, fi on l'y joignoit. Elle avoit toute la délicateffe Allemande fur les méfalliences : mais auffi aussi en s'y opposant, elle risquoit la fortune de son fils, c'est ce que l'Abbé du Bois, Confident du Prince & homme d'esprit, lui représenta. Ainsi, par prudence, par raison & par égard pour le Roi, à qui elle ne vouloit pas donner la mortification de paroître mépriser sa fille ; elle y consentit, d'autant qu'elle vit M. le Prince donner la sienne au frere de celle qu'elle rejettoit.

Quoique Madame eut resté volontairement à la Cour, elle ne perdit point de vûe la perte qu'elle avoit faite & les devoirs d'une veuve. N'y voyant plus celui à qui elle devoit plaire, elle renonça à toutes les parures de son sexe. Elle vendit tout ce qui y servoit pour se trouver en état de récompenser les sçavans dont elle étoit la Protectrice avec discernement, & pour pouvoir reconnoître les services de ses domestiques, de ses Officiers, au moment de sa mort. Pour se familiariser pour ainsi dire avec

cette deftructrice du genre humain,
elle envifageoit fouvent ce dernier moment qui met les Grands au rang de tous
les hommes. Pour s'y trouver préparée
lorfqu'il arriveroit, elle prit trois jours
de la femaine pour s'en occuper entierement. Si quelques affaires l'interrom-
poient, c'étoit pour le lendemain, en
forte que fi elle avoit été depuis le moment qu'elle étoit entrée en France un
exemple pour les femmes ; elle le fut
encore pour les Chrétiennes & celles
que la mort prive de ce qu'elles doivent
avoir de plus cher au monde. Son veuvage dura vingt-deux ans : ce fut fur-
tout pendant ce tems que fon cœur fut
épurée. Mere, elle fut tendre & furveil-
lante à l'éducation de fa famille. Princeffe, elle facrifia tout aux intérêts de
l'Etat & de fes enfans. Veuve, elle
quitta le monde fans que le monde l'a-
bandonnât ; Chrétienne, elle remplit
les devoirs de la Religion avec l'exacti-

tude la plus scrupuleuse. Ses maladies
ne furent jamais pour elle un prétexte
pour l'exempter d'assister tous les jours à
la Messe. Le tems qu'elle ne donnoit pas
à la Religion, elle l'employoit à l'étude,
sur-tout à celle de l'antiquité. Le plaisir lui en enleva peu ; elle avoit un tel
ascendant sur les esprits qu'elle sçavoit
se faire aimer, respecter & même craindre de tous, elle fut peut-être la seule
personne de la Cour qui eût les bonnes
graces du Roi sans avoir recherché
celles de Madame de Maintenon. Elle
la consideroit par égard, par respect,
pour le maître ; mais jamais on ne la
vit lui faire la cour.

La mort de Louis-le-Grand qui arriva le premier Septembre 1715, ne lui
fit point faire de retour sur le monde.
Son fils par cet événement acquéroit le
droit de commander à la France sous un
Roi mineur.

Philippe Duc d'Orléans, étoit un

Prince d'un génie aussi élevé que son rang. L'éclat de ses talens força ses ennemis même à lui donner des louanges. Quoique son droit à la Régence fût incontestable, néanmoins il le falloit disputer, le Roi par son Testament en ayant disposé autrement. Le Prince persuadé qu'il n'étoit pas nommé Régent, consulta sa mere : elle lui dit en peu, qu'un Prince ne devoit jamais se relâcher sur ses droits, & que c'étoit se montrer indigne d'une place, dès qu'on la cédoit. Ce n'est pas que le titre de Maître l'éblouit, au contraire, elle donnoit toute son attention aux dangers qui en sont inséparables : mais aussi elle faisoit réflexion, que c'est à un Prince à s'y exposer, & que défendre ses droits, c'est défendre son héritage. Au reste, ce fut sans intérêt qu'elle lui donna ce conseil. Ce changement de fortune n'en apporta aucun dans sa maniere de vivre, jamais elle ne fut tentée de se montrer sur la scène. Le voyant paisible possesseur, elle ne songea qu'à le convaincre qu'il étoit grand de ne jamais se venger de ses ennemis. Si elle avoit eu la consolation de le voir sous Louis - le - Grand signaler sa valeur en mille occasions, elle eut encore celle de reconnoître que la mort de ce Prince, lui fournissoit celle de faire briller son habileté dans le Gouvernement. Elle eut la douce satisfaction de voir une minorité qui est le tems d'orage, tranquille. Tout étoit à son gré, lorsque la mort s'approcha plus près d'elle.

Madame étant sujette dans les derniers tems de sa vie à des assoupissemens qui allarmoient, on la saigna. Ce fut malgré elle ; mais le sort des hommes, & sur-tout des Grands, est de mourir victime des Médecins. En effet tout ce que Madame prédit de funeste à l'occasion de cette saignée, lui arriva.

Pour comble de malheur, c'eft que le Chirurgien qui, contre fon fentiment la faigna, ne l'eût pas plutôt piquée qu'il tomba fans connoiffance aux pieds de fon lit ; fon bras fut mal lié, fon fang s'extravafa : elle en perdit beaucoup, ce qui lui ôta les forces qui lui reftoient. Depuis ce funefte événement fa fanté dépérit fans efpérance de la recouvrer : néanmoins elle ne put refufer à la tendre amitié qu'elle avoit pour fon Roi, d'affifter à la cérémonie de fon facre.

25 Octob. 1722.

Contente de voir qu'on méprifoit les bruits injurieux que les ennemis de fa Maifon répandoient, elle y fut : mais avec la précaution que prend une perfonne qui fait un voyage, dont elle n'efpere pas revenir. Elle rifqua fa vie, mais non fon falut. En effet ce voyage l'incommoda beaucoup, & depuis fon retour de Rheims, tous les remédes qu'on lui fit prendre, ne lui furent d'aucun fecours. Ce fut le 5 Décembre 1722 que

l'hydropisie se déclara entierement. Le
Pere Liniere, Jésuite, qui venoit d'être
nommé Confesseur du Roi, au grand
mécontentement du Cardinal de Noailles & de son parti, qui furent fort fâchés
de voir les Jésuites rentrer dans cette
place dont ils avoient été si long-tems en
possession, & dont ils sembloient exclus
depuis le commencement de la minorité de Louis XIV, lui annonça alors
qu'il falloit quitter le monde. J'y suis
préparée, dit-elle, le sacrifice de ma
vie me coute peu. Si quelque chose me
fait peine, c'est de voir un fils éplorée
aux pieds de mon lit. En effet depuis le
moment que le Duc d'Orléans vit sa
mere en danger, il ne la quitta point,
quoique tous les appareils de la mort
lui causassent autant de douleur, que la
perte qu'il alloit faire.

Les remédes humains étant inutiles,
on eut recours aux spirituels. On prévint Madame qui montra bien par l'em-

preſſement avec lequel elle les déſira, que cette nouvelle ne l'attriſloit point. Le Curé de Saint Cloud vint les lui adminiſtrer. La Ducheſſe les reçut en parfaite connoiſſance & dans les ſentimens de la plus grande piété. Sur le ſoir, du 7, elle entra dans une agonie qui dura juſqu'au lendemain, quatre heures du matin. Peu avant, elle fit venir M. le Duc de Chartre pour qu'il apprît de bonne-heure à connoître le néant des choſes humaines. Elle avoit fait auſſi aſſembler toute ſa famille, pour lui donner ſa bénédiction, & l'exhorter à vivre dans l'union. Voyant le moment qui alloit conſommer le ſacrifice, elle ne ſe démentit point de cette fermeté qu'elle avoit montrée dans les événemens fâcheux : elle défendit qu'on l'enterrât avec pompe & qu'on ouvrît ſon corps : cérémonie mondaine en effet qui approche de la barbarie que nous reprochons à ceux qui donnent à leurs parens leur corps, leurs entrailles, pour tombeau. On exécuta scrupuleusement ses dernieres volontés, & M. le Régent voulut en cette occasion faire voir le respect qu'il avoit toujours témoigné pour ses ordres.

Le 10 vers les sept heures du soir on porta son corps de Saint Cloud à Saint Denis, où il fut inhumé. Le peuple fit son Oraison funébre. La vérité & non la flatterie la lui inspiroit.

Voici l'éloge qu'un témoin de la vie de cette Femme illustre en a faite.

La France regrette avec juste raison une Princesse qui faisoit ses délices & l'admiration de toute l'Europe, par ses rares & éminentes qualités, dont la principale étoit l'amour de la Religion & la Piété. Celles qui formoient son caractere particulier, étoient la bonté du cœur, l'affabilité & un penchant naturel à faire du bien. Heureuses les personnes de tout rang & de toutes conditions qui avoient le bonheur de l'approcher & d'en être protégées ; sur-tout celles que le mérite & la vertu distinguoient particulierement. Les véritables Sçavans & les Gens de Lettres ont fait une perte particuliere. Cette Auguste Princesse les aimoit, les consideroit & les protégeoit avec discernement, par les grandes connoissances qu'elle avoit de toutes les parties des belles Lettres, & sur-tout des matieres qui regardent la belle Antiquité. Son goût particulier pour les antiques avoit rendu son cabinet l'un des plus riches & des plus magnifiques du monde sçavant. C'est dans ce trésor, dont on jouit encore aujourd'hui, qu'on trouve une suite des plus complettes de médailles Romaines d'or du haut & du bas Empire, avec les revers les plus beaux & les plus singuliers. Ajoutons à ces vérités celle qui fait sa véritable gloire & qui fera aussi sa récompense : nous l'a-

vons apprise du peuple consterné qui
en attendant la nouvelle de sa mort,
s'est écrié : *Nous perdons la Mere des
pauvres & des affligés : cette grande
Princesse étoit notre consolation, notre
joie, notre refuge.*

LÉONORE GALIGAÏ,

Epouse du Maréchal d'Ancre.

LA fortune est si aveugle dans la distribution de ses faveurs & si capricieuse, qu'on ne doit jamais plus se défier d'elle que lorsqu'elle nous éleve au plus haut rang. Elle n'est pas pour l'ordinaire constante pour ses favoris, elle ne les fait parvenir au comble que pour rendre leur chute plus terrible. Il est vrai aussi qu'il n'en est aucun qui songe à cheviller la roue dans sa course, on veut voir jusqu'où elle nous conduira, on ne met point de bornes à son ambition, on ne peut se rassasier ; tous les jours naissent de nouveaux désirs, on ne cherche qu'à les remplir, mais avant la roue revient sur elle-même & nous renverse encore plus promptement. Léonore va nous convaincre de la vérité de ces réflexions, inutiles presque toujours pour ceux qui feront en fa place.

Léonore étoit Italienne. S'il en faut croire ceux qui ne cherchoient qu'à juftifier leur crime, elle étoit fille d'un Menuifier; Marefcot avoit été exprès à Florence pour chercher fa généalogie, & l'étoile dit qu'il apprit de lui que Concini fon mari *étoit fils d'un Secrétaire du Duc de Florence fi pauvre avant d'être parvenu à cet emploi qu'il n'avoit pas de foulier : que fa femme étoit fille d'un Menuifier, qu'on avoit vu l'Abbé de Marmoutier leurs fils fervir à Florence pour enterrer les morts.* Je ferai feulement remarquer que cet Abbé étoit le frere de Léonore & non fon fils, ce qui fuffit feul pour rendre fufpect le témoignage d'un écrivain qui dit avoir fait un voyage pour mieux s'inftruire: ce qui eft plus certain, c'eft que les Concini viennent des *Alberti* l'une des plus anciennes & des plus nobles familles de Florence,

& que la famille *Galigai* est du corps des Nobles de Florence. Je n'examine point ici , si ayant le même nom , ils étoient de ces familles. On a vû souvent des branches étrangeres, à la faveur du même nom s'enter sur un beau tronc.

1595.

Marie de Médicis ayant épousé Henri IV , amena avec elle Léonore qui étoit sa sœur de lait. Son mari l'y suivit. A son départ de Florence , un de ses amis lui demandant ce qu'il alloit faire en France, il lui répondit ou fortune ou périr. L'un & l'autre lui arriva. S'il n'eût pas épousé Léonore , il n'eût jamais fait fortune , & s'il eût eu autant de jugement que sa femme , il eût trouvé le secret de cheviller la roue de la fortune. Elle ne fut pas long-tems auprès de la Reine sans connoître combien il lui étoit facile de s'emparer de son esprit & de la gouverner. En effet la Reine l'affectionnoit tant , que bientôt elle n'eut rien de caché pour elle , &

qu'elle n'entreprit rien sans la consulter. Dépositaire de tous ses secrets elle lui confia tous ses chagrins domestiques. Léonore souvent en abusa, & on lui reprocha justement d'être la cause de la discorde qui régna entre le Roi & la Reine, parce que Galigai lui disoit qu'une Reine devoit autant régner sur le cœur de son mari, que lui sur ses Sujets. D'ailleurs, ambitieuse, ainsi que toutes les femmes d'esprit le sont, elle prévoyoit qu'elle seroit sans crédit tant que la Reine elle-même seroit sans autorité. Jalouse de gouverner, son plus grand défaut fut d'en avoir eu le talent, parce que la Reine eût eu moins de confiance en elle. On ne put lui pardonner & l'on souffrit avec la derniere impatience, qu'après la mort du Roi, deux étrangeres gouvernassent toute la France.

On sçait la mort déplorable du meil-

leur de nos Rois. (1) Laissant un fils en
bas âge, il fallut quelqu'un pour gouverner sous son nom. Marie de Médicis fut
choisie sans aucune opposition. La joie
qu'elle en eut, l'empêcha sans doute de
réfléchir à la perte qu'elle venoit de
faire, ainsi que la France. Nos Italiens
chercherent à profiter des circonstances ; ils ne languirent pas, la Régente fit
pour Concini tout ce qu'il pouvoit attendre d'une Reine dont il étoit le favori & dont la femme étoit le conseil.
C'est assez faire connoître son caractere, que de dire que ce fut elle, qui
forma Richelieu dans les intrigues de
la Cour qui l'introduisit chez la Reine,
qui le fit son Secrétaire. Amelot dit
que Léonore & le Secrétaire avoient
tous deux la magie de la parole.

Marie de Médicis devenue Régente,

---

(1) Henri IV. assassiné par Ravailla.

bourleverſa tout le Conſeil : elle n'y fit
entrer que ceux qui plurent à ſa Confidente. Le Marquis d'Ancre bientôt en
fut l'ame ſans y paroître : auſſi dès ce
moment, il porta toute la haine du peuple. L'eſtime & l'amour qu'il avoit eu
pour ſon Roi, lui avoient fait oublier
qu'il étoit accablé d'impôts, mais dès
qu'il fut mort, le Miniſtre fut regardé
comme l'auteur d'un mal auquel il n'a-
voit eu jamais cependant part. Mais c'é-
toit parce qu'il n'y remédioit pas. Il
avoit encore à combattre la haine du
jeune Roi. Ce Prince effrayé de la mort
tragique de ſon pére, ne pouvoit voir
ſans frémir ceux qu'il haïſſoit. Concini
qui étoit du nombre à cauſe de ſa femme, & qui le ſçavoit, répondit à cela,
le Roi me hait, mais à force de le bien
ſervir, je tâcherai de m'en faire aimer.
Mais les Princes en cette occaſion regardent comme une eſpéce d'affront,
les ſervices qu'on leur rend malgré eux :
auſſi Léonore, perſuadée de cette maxi-

me, ne songea qu'à s'en faire craindre, puisqu'elle ne pouvoit s'en faire aimer, & à se maintenir dans l'amitié de la Régente. Mais cela ne suffisoit pas, puisque l'autorité me pouvoit toujours rester entre leurs mains, & que le Roi devenue maître, il y avoit à craindre qu'il ne le lui fît éprouver. Malheureusement elle ne songeoit qu'au présent, elle voyoit la Reine uniquement occupée de leur fortune, c'est ce qui l'aveugloit. Pour la cimenter un peu, elle songea à s'allier avec un Prince du Sang. Il ne tint pas à la Reine que sa fille n'épousât le Comte de Soissons. Elle sçut même y déterminer ce Prince, ensorte qu'il ne falloit plus que le consentement du Roi. Il le donna, c'est ce qui fit avorter le dessein ; car alors tous les mécontens se liguerent & s'unirent pour empêcher cette alliance si disproportionnée. Le Comte en fut la victime, car elles n'oserent attaquer le Marquis d'Ancre. Ils se banderent contre son prétendu gen-

dre, & il fallut l'éloigner de la Cour.
On peut regarder le projet de cette
alliance comme la premiere cause de
la perte de la Maréchale ; car ce fut-là
le prétexte qu'elle fournit aux mécontens pour lever l'étendart de la révolte.
S'étant apperçus que le Marquis d'Ancre se soutenoit plus à la Cour par l'inclination que la Régente avoit pour sa
femme que par ses talens, ils chercherent à mettre la division entr'eux ; ils
réussirent, parce que le favori étant bon
ami, ne connoissoit point la politique
qu'il faut sacrifier à la Cour ses amis selon
l'occasion. Léonore, au contraire,
pensoit qu'il falloit s'accommoder aux
circonstances, & qu'il ne faut se déclarer que pour ceux qui peuvent
nous servir, & qu'un ami malheureux est un fardeau dont il faut chercher à se débarrasser. Cette différente
façon de penser les ouilla souvent.
A la fin elle s'apperçut que leurs enne-

mis ne fufcitoient & ne fomentoient ces querelles entr'eux que pour en profiter. Alors elle s'appliqua à fa maxime, & fe réunit fi bien avec fon mari, qu'ils ne parurent toujours faire qu'un. Lorfqu'ils eurent des démêlés, ils tâcherent au moins de les renfermer dans l'intérieur de leur domeftique. Les ligues en furent la dupe ; car Léonore, pour n'avoir plus à craindre leurs intrigues, fit éloigner les uns du Confeil & les autres de la Cout. La cabale leur oppofa alors Bellegarde, homme fans mœurs & capable de tout entreprendre, pour parvenir à fon but. Etant dans un fiécle où l'on étoit plus crédule que dans le nôtre, il fuborna des témoins pour dépofer que le Marquis d'Ancre avoit commerce avec le diable ; qu'il avoit le fecret de fe faire aimer de telle femme qu'il vouloit : je ne rapporterai pas les autres chefs d'accufations, parçe qu'ils font la honte des

délateurs, & qu'ils tournent à l'avantage
d'un Miniftre, car lorfqu'on a recours
à de pareils contes, il faut que la conduite de l'accufé foit bien intégre, mais
il faut regarder le tems & les circonftances : Léonore vivoit dans un fiécle où
le meilleur moyen pour rendre quelqu'un odieux au peuple, étoit de l'ac-
cufer de forcellerie, ainfi elle ne s'en-
dormit point. Jaloufe de faire voir fon
crédit elle fit informer contre les ca-
lomniateurs, & cela devint une affaire
fi férieufe qu'on ceffa bientôt toutes les
pourfuites, parce que le criminel étoit
allié à tous les Seigneurs de la Cour, &
que d'ailleurs on en apprit plus qu'on
ne vouloit. Ainfi on crut obtenir beaucoup du Marquis d'Ancre & de fa femme que les informations faites refte-
roient à jamais dans l'oubli ; pour cela
on les brûla, & le Parlement alors commença à regarder cette affaire comme
une galanterie, Il y en avoit une fur le

tapis que la Régente regardoit comme plus sérieuse. Le Marquis d'Ancre étoit inviolablement attaché au Prince de Condé, les prieres de sa femme n'avoient pû l'engager à se détacher de lui. Pour y réussir, elle le fit exiler dans son Gouvernement d'Amiens, mais ce ne fut qu'un orage pour avoir un prétexte de le rappeller, on lui fit proposer son retour par Villeroi, s'il vouloit donner sa fille en mariage au Marquis de Villeroi son fils ; d'Ancre promit tout : & revenu à la Cour on le fit Maréchal de France. C'est ainsi que la faveur distribue sans choix ses dons : car jamais il n'avoit servi, aussi se voyant sur le pinacle il oublia bientôt la promesse faite à Villeroi, d'autant qu'il ne ttouvoit pas ainsi que sa femme, ce mariage assez avantageux pour eux. En effet, le Duc d'Epernon sembla la rechercher pour le Duc de la Vallette son fils. On stipula même qu'on donneroit à la De-

moiselle quatre cens mille écus comp-
tant, & que dès que le mariage seroit
conclu, on gratifieroit le Duc d'Epernon de la Charge de Connétable de
France. Jamais fille n'eût de plus belles
espérances ; mais la mort, cette implacable ennemie du genre humain, les
détruisit toutes : Elle enleva cette jeune
Demoiselle à la fleur de son âge, ce qui
hâta la perte du pere & de la mere.
Léonore sembloit la présager, car se
voyant environnée de tant d'ennemis,
elle engageoit son mari pour s'en pré-
server, de passer en Italie pour jouir
des bienfaits de la Reine tranquillement. Nous avons le vent en poupe, lui
disoit-elle, profitons-en avant que l'o-
rage vienne ; mais alors il lui répondoit
que tant qu'il avoit le vent bon qu'il
vouloit voguer en pleine mer pour voir
jusqu'où la fortune pouvoit porter un
avori. Cependant lorsque l'orage venoit, il changeoit de langage & disoit,

plût à Dieu ! que nous fuffions dans une barque prêts à defcendre en Italie. Dans de pareils momens il n'eut pas héfité à partir, mais ce n'étoit pas lorfque fa femme voyoit le danger de près, qu'elle faifoit des vœux, alors elle étoit iné-branlable & elle regardoit comme une lâcheté d'abandonner dans de pareils momens la Reine qui leur avoit fait tant de biens. Elle ranimoit toutes fes forces pour lutter contre la fortune, & s'il faut périr, difoit-elle, c'eft en com-battant.

Mais hélas ! elle ne croyoit pas être fi proche du combat où elle devoit périr. Luines nouveau favori, ayant inculqué à fon jeune maître que le Maréchal d'Ancre cherchoit à fe défaire de lui & qu'il en vouloit à fa vie, donna ordre fans grand examen de l'arrêter. Mais cela ne lui fuffifoit pas. Perfuadé qu'il ne faut jamais commettre un crime à demi, il le fit tuer par Vitri, fous le

prétexte

prétexte qu'il avoit voulu faire rebellion lorsqu'on l'arrêta, & pour faire croire qu'il avoit rendu un service signalé à l'Etat, Luines fit récompenser dès le même jour d'un bâton de Maréchal de France, l'assassin de l'infortuné d'Ancre ; & pour étourdir les gens sensés sur sa mort, il fit soulever la populace, l'engageant à se venger sur celui qui avoit voulu leur enlever le Roi. Aussi passa-t-elle ses espérances par tous les excès où elle se porta. Qui ne sçait de quoi elle est capable ? lorsqu'on lui lâche la bride.

Luines en faisant tuer le Maréchal n'avoit cherché qu'à se défaire d'un rival assez puissant pour ruiner son crédit naissant : ne voulant donc pas perdre le fruit de son crime, il songea à se défaire de celle, qui seule pouvoit lui être un obstacle insurmontable. Ainsi il donna ordre à Vitri pour ne pas rendre son ouvrage imparfait, de s'assurer de la

Maréchale. Il n'étoit pas facile, parce qu'elle étoit toujours avec la Reine, & que son appartement étoit contigu au sien, il falloit donc l'y surprendre, ce qu'il fit assez heureusement pour lui. L'ayant enlevée, il la conduisit à la Bastille, d'où Luines la fit peu après transférer à la Conciergerie du Palais. On la présenta aux Juges qui ne trouvant aucun chef d'accusation réelle, la vouloient renvoyer. Mais Luines pour sauver leur réputation, se chargea de leur trouver des témoins qui déposeroient contre l'accusée. Il leur fit entendre que s'ils n'épousoient pas sa querelle, il trouveroit des Juges qui lui seroient plus dévoués, & qu'ils pourroient s'en repentir. Ce respectable corps alors s'oublia & craignant tout d'un furieux, il devint inique & prévaricateur. La Maréchale comparut & son crime fut d'avoir abusé de la faveur de la Reine, d'avoir mal conduit les affaires , d'avoir fait donner des coups de bâton à un Cordonnier, crimes qu'on avoit reproché à ſon mari , & dont la populace l'en avoit puni avec tant de cruautés. Mais comme ils ne ſuffiſoient pas pour des Juges qui doivent être ſans paſſions. Il en fallut donc chercher d'autres , alors on l'accuſa d'avoir enſorcelé la Reine & d'avoir enlevé les diamans de la Couronne , parce qu'ils ſe trouvoient dans ſa chambre , au moment qu'on l'avoit arrêtée.

Léonore ſe voyant dans les mains de ſes ennemis, ſe regarda comme perduę : néanmoins au milieu du danger elle ne s'oublia point ; entendant ſes Juges l'accuſer de ſorcellerie, elle leur dit, pour enſorceler la Reine je ne me ſuis jamais ſervie d'autre ſortilége que de mon eſprit. Eſt-il ſurprenant, que j'aye gouverné la Reine qui n'en a point? Les Juges tous prévenus qu'ils étoient, trouverent tant de ſageſſe dans ſes réponſes, qu'ils n'oferent prononcer qu'elle étoit coupable, d'autant qu'ils lui voyoient un courage que la feule innocence peut donner. Ils fe regardoient les uns les au-res, mais comme Luines & fes partifans vouloient fa mort ; la crainte de leur déplaire les empêchoit de dire qu'elle étoit innocente ; pour les tirer d'embarras, le nouveau favori eut recours au nommé Barbin qu'il tenoit en prifon. Ce généreux ferviteur fi connu par fon attachement pour la Reine, & par le jugement inique qui le voulut condamner, avoit été long-tems au fervice du Maréchal & de fa femme. Luines le tenant dans fes fers efpéroit qu'avec des promeffes il viendroit à bout de lui. Mais dès qu'on lui eut expofé le fujet de la vifite qu'on lui faifoit, il dit fermement que jamais ni elle ni fon mari n'avoient commis de crime ; que s'ils avoient fait des fautes, que la volonté n'y avoit aucune part. Qu'on me confronte, demanda-t-il avec elle ; mais l'on a trop d'intérêt à ne le pas faire ; car je ne pourrai que rendre un témoignage honorable & qui ne plaira point à ceux qui veulent se raffassier du sang de cette innocente victime. Tous les honnêtes gens, & même ses ennemis bien instruits pensoient de même. Tout ce qu'on pouvoit lui reprocher, c'étoit d'avoir servi avec trop de zèle sa bienfaitrice : il est vrai que souvent par un excès d'affection ou par l'envie naturelle aux femmes de parler, elle brouilla la Reine avec son mari en lui découvrant toutes les amourettes de celui-ci. Ses ennemis étoient ceux qui l'étoient de son caractere fier & hautain. Mille gens pouvoient publier ses bienfaits & peu avoient un juste sujet de se plaindre d'elle. Le peuple ne l'aimoit pas : mais qui ne sçait comment se conduit cette machine ? Il se décide sans sçavoir pourquoi. Dès qu'il eut vû cette infortunée, il lui fit justice & ne la regarda plus comme on la lui avoit peint, quoique pour la lui rendre plus odieuse, on eût affecté de la condamner comme criminelle de leze-Majesté divine & humaine, à avoir la tête tranchée. Son corps devoit être ensuite brûlé, sa maison près du Louvre rasée, & ses biens étoient déclarés confisqués.

Ce qu'il y a de plus remarquable, c'est que cette femme célébre qui depuis quelque tems avoit dit-on perdu la raison, recouvra tout son jugement en entrant à la Bastille. Elle montra dans son dernier moment une résignation peu commune, même aux Héros. Toute injuste que fut la Sentence qui la condamnoit à mort, elle ne la fit point pâlir : Comme l'innocence a toujours ses adulateurs, elle en trouva même parmi ses Juges. M. le Bret, Avocat Général, distingué par son équité, ne voulut jamais donner ses conclusions pour la mort ; on eut beau lui représenter qu'il

falloit fauver l'honneur du Roi, il répondit qu'il falloit avant toutes chofes
lui apporter des preuves, des crimes
dont on accufoit la prétendue coupable. Luines le voyant intraitable eut
recours à la rufe, il affura que le Roi
donneroit à cette infortunée fa grace,
il tomba dans le piége, avec d'autant plus
de regret, que Deflandes, Rappofteur
du Procès fut conftamment intégre.
Non-feulement il refufa de foufcrire au
jugement, il ne voulut pas même l'auto-
rifer par fa préfence.

L'oppofition de ces Magiftrats dont
la probité étoit avérée, fit grand tort à
la réputation des Juges. Ceux qui at-
tendoient le jugement pour fe décider,
furent indignés en voyant qu'une femme qu'on leur avoit repréfenté comme
chargée de crimes, n'étoit condamnée
à mort que comme Juive & Sorciere,
pour avoir fait bénir des coqs & des
pigeonneaux pour les mettre fur fa tête

N iv

dans le tems de ses douleurs. Aussi lorsque la Maréchale entendit cela dans sa
Sentence, elle s'écria d'un air de pitié
mêlée d'indignation *oi me poverelta*, ce
fut la seule marque de surprise qu'elle
donna. Baissant ensuite les yeux, elle
entendit tout le reste fort tranquillement, & lorsqu'on vint lui dire que le
moment fatal de sa fin approchoit, elle
bénit le Ciel & marcha à l'échaffaud
avec une constance chrétienne & héroï-
que. Tous ses défauts s'éclipserent pour
ne plus faire paroître que des vertus.
Le peuple accourut de tous côtés à son
passage pour assouvir sa fureur, par la
vue de son supplice. Plusieurs envioient
l'office du Bourreau : mais dès qu'on vit
cette Héroïne dans la funeste voiture ;
son air modeste, humble, elle qui étoit
si fiere, sa résignation, firent de ces lions
des agneaux. Il sembla que le voile qui
leur couvroit les yeux, tomba tout-à-
coup. On se disoit, est-ce donc là cette

femme qu'on peignoit si méchante ? Où
sont donc les crimes donc elle étoit si
coupable ? Quoi ! la malice de ses ennemis n'a pû en trouver d'autres ? Enfin,
on ne la regarda plus que pour la plaindre.

La Maréchale voyant l'avidité qu'on
avoit pour la voir, détourna la vue de
dessus le crucifix, & se tournant vers le
peuple, elle dit : voilà bien des gens
amassés pour voir une pauvre affligée.
Toute la populace de Paris étoit accou-
rue à dessein de l'insulter & de l'acca-
bler de reproches, cependant personne
ne lui dit la moindre injure. Tous ces
brutaux furent désarmés, lorsqu'ayant
fait arrêter la voiture, ils la virent appeller un homme qu'elle démêla de la
foule, pour lui demander pardon de l'a-
voir autrefois desservi auprès de la Reine, elle le fit d'une maniere si touchante
en présence d'un millier de spectateurs,
qu'elle leur tira les larmes des yeux.

N v

La Duchesse de Nevers qui lui avoit vingt fois souhaité le sort qu'elle alloit subir, lorsqu'elle avoit vû le Duc son mari sur le point de payer de sa tête ses entreprises contre le Maréchal d'Ancre, voulut se donner le cruel plaisir de la voir dans une posture si humiliante. Mais ce fut toute autre chose, lorsqu'elle envisagea cette femme infortunée. Elle se mit à fondre en larmes, & à crier qu'elle méritoit une autre destinée. Elle ne put voir la fin d'un spectacle dont elle espéroit tant de satisfactions. La Maréchale fut la seule qui parut comme insensible à la vue de ce lieu si redoutable où l'on alloit l'immoler. Le peuple qui l'avoit deux heures avant, regardée comme une femme indigne de voir le jour & de respirer l'air, étoit prêt à se soulever pour l'arracher des mains du Bourreau. Il ne la regarda plus que comme une victime innocente, qu'un ennemi autorisé sacrifioit à sa nouvelle tyrannie. Il craignoit plus qu'elle, le coup qui alloit lui faire perdre la vie. Depuis la fin tragique de son mari, la perte de ses biens, & la dispersion de sa famille, la mort faisoit son désir. Elle ne regrettoit que la Reine, qu'elle laissoit dans la plus affreuse situation pour une personne de son rang, puisqu'elle n'osa pas prononcer une parole qui pût faire connoître combien elle souffroit de l'iniquité des Juges & de la tyrannie du favori : prisonniere elle-même, elle étoit dans l'incertitude sur son sort.

1617.

Léonore ne se démentit point sur l'échaffaud. La même constance, le même courage l'y suivirent ; elle vit sans frémir le bras levé pour séparer sa tête de son corps. Le coup ne fut pas plutôt porté qu'il se fit un silence, qui n'annonça que trop la douleur & la pitié des assistans, tant il est vrai que l'innocence & la résignation aux volontés du Souverain Maître rendent respectable sur le

gibet le plus infâme. On ne rompit le
silence que lorsqu'on vit qu'on alloit
brûler son corps. Ce même peuple qui
n'avoit pû se rassassier d'outrages sur
celui de son mari, vouloit qu'on traitât
celui de Léonore comme celui d'une
sainte. Il ne souffrit que malgré lui qu'on
le brûlât, tant le peuple est inconstant.
Aussi l'auteur de cette cruelle tragédie
ne fut point épargné : on le chargea
publiquement d'imprécations. L'on disoit hautement, au moins le Maréchal
d'Ancre n'a fait mourir personne ; on
va maintenant nous succer pour enrichir
Luines & ses freres. L'on ne se trompa
point dans les présages qu'on tira du
commencement d'un Gouvernement si
sanguinaire. Mais heureusement qu'il
fut de peu de durée : ce même Luines eut à peu près le même sort que le
Maréchal. Connétable de France, on
ne trouva pas à sa mort un drap pour
l'ensevelir & tout le monde en refusoit

un. Il mourut détesté, de celui même qui l'avoit élevé.

Le Maréchal d'Estrées dit du Marquis d'Ancre, qu'il étoit naturellement bienfaisant, & qu'il falloit que ce fût son étoile ou la nature des affaires, qui eussent fait soulever tant de monde contre lui. Il étoit agréable de sa personne, adroit à monter à cheval & à tous les autres exercices. Sa conversation étoit douce & rusée: ses pensées étoient hautes & ambitieuses, mais il les cachoit avec soin, n'ayant jamais entré, ni affecté d'entrer dans le Conseil. Sa femme disoit cependant de lui quelquefois à la Reine, vous favorisez ce fou en ses desseins, mais souvenez-vous qu'il se perdra, & qu'en se perdant il vous perdra & moi aussi. Jamais prophétie ne fut mieux en tout sens accomplie. Car la Reine, comme on le verra dans sa vie, Tom. VI. mourut fugitive & errante dans un pays étranger. Le Maréchal néanmoins avoit plus les vertus de la société que sa femme. Il se fit aimer en général des Grands, mais la Maréchale sembloit n'être attachée qu'à la Reine, tout le reste lui paroissoit indifférent. Elle croyoit qu'elle seule lui suffisoit. Elle commença à reconnoître sa faute lorsqu'elle s'apperçut que le crédit de la Régente baissoit. Elle voulut alors se retirer en Italie, & la Reine même lui conseilloit de le faire ; mais le Maréchal qui avoit déja vu plusieurs orages se dissiper, disoit que la tempête pouvoit être suivie d'un calme heureux. C'est ainsi que tous les favoris de la fortune s'aveuglent : lorsqu'il faut prendre un parti, ils ne peuvent se déterminer ; car Amelot dit que le Maréchal se plaignoit quelquefois à son ami Bassompierre de l'entêtement de sa femme, à rester en France : à chaque coup de fouet, disoit-il, que la fortune nous donne, je la presse de faire retraite pendant qu'il est tems. J'ai bien pensé à

cette retraite en offrant six cens mille
écus au Pape pour l'usufruit, notre vie
durant du Duché de Ferrare, où nous
eussions vécu tranquillement & laissé
encore deux millions d'or à nos enfans.
Mais plus aheurtée que jamais, elle m'a
reproché ma lâcheté & mon ingratitude,
de vouloir abandonner la Reine qui nous
a fait tant de biens. Sa femme se plaignoit aussi de l'entêtement de son mari
à vouloir rester, ensorte qu'on peut dire
que ni l'un ni l'autre ne vouloient quitter la partie. On ne peut se résoudre à
vivre particulier, après avoir gouté du
souverain pouvoir. On préfere les sou-
cis, les soins, les inquiétudes, les chagrins au repos, à la tranquillité : on ne
travaille que pour jouir & on ne peut se
résoudre à jouir lorsqu'on le peut.

La Maréchale étoit fort sensible aux
injures. Pour effrayer le peuple, elle
avoit engagé son mari à faire dresser sur
le Pont-Neuf une potence, pour ceux

qui parleroient mal d'eux. Elle ne fervit jamais que pour lui. Le peuple l'y pendit après fa mort, & on en vit qui n'auroient ofé le regarder vivant, chercher dans fes entrailles fon cœur pour le déchirer à belle dent. Rien n'aliéna tant les efprits contre lui, que ce gibet dont il ne fit cependant aucun ufage ; parce que c'étoit afficher la tyrannie.

LETTRE
A MADAME B**.

MADAME,

J'attends de votre indulgence, que vous voudrez bien insérer cette Epître dans votre Journal, quoiqu'un Ouvrage sorti de votre plume l'orneroit mieux; mais il faut faire quelquefois des sacrifices. J'en fais un moi-même en répondant à un certain Périodiste. Né pour vivre dans l'oubli, pourquoi le faire connoître? Mais, malgré soi, souvent on y fait attention. Une Chenille dans un Jardin n'attire pas nos regards; cependant, sans la chercher, on la rencontre. A quoi bon cette réflexion, dites-vous? c'est pour apprendre que

notre Mercenaire Hebdomadaire ref-
femble affez bien à ce vil infecte ; car,
ainfi qu'elle, il ronge, gâte, corrompt,
infecte tout ce qu'il touche. Mais cela
eft pardonnable, dès qu'il ne fçait ce
qu'il fait. Sçait-il ce qu'il dit ? Le Public a prononcé depuis long-tems que
non. Cependant comme la malice fiége fouvent avec le manque de difcerne-
ment, permettez-moi quelque réflexion
à fon fujet ; ce qui me les fournit, c'eft
le compte que notre Griffónnier a rendu
des Vies des Femmes illuftres de la
France, dans une de fes feuilles.

Il s'en faut de beaucoup que l'Ouvrage foit fans défaut : mais il me paroît
que le fiéur *Daquin* veut encore me
charger de fes fottifes, il eft jufte que
je les faffe connoître. Je pourrois bien
cependant m'en difpenfer, car on peut
dire de lui que femblable au fer, la
rouille qu'il engendre eft ce qui le con-
fume, & les feuilles du *Cenfeur Hebdo-*

madaire. n'ont jamais fait tort qu'à lui-même. Je reviens à mon but.

Vous êtes affez heureufes, Mefdames, pour que le fieur *Daquin* vous regarde comme égales à lui. Quel heureux préfage ! Cependant il croit qu'il vous faut un Apologifte ; car il me qualifie de ce nom : mais qu'il fçache qu il n'y a que des gens de fon efpéce qui en ayent befoin.

» L'Apologifte des femmes, dit-il, » reprend un peu aigrement M. *Rouf-* » *feau* de Geneve, de ce qu'il voudroit » prefque les mettre au nombre des » animaux domefliques. « Il n'appâr- tient qu'au fieur *Daquin* d'être un Cor- recteur ; pour moi je n'ambitionne point de l'être. Mais il cherchoit à donner des louanges à M. *Rouffeau*, ignorant que les louanges d'un fat ne peuvent jamais illuftrer un Héros. Il a donc tout faifi à tort & à travers. Après avoir fait un expofé, il dit : » Ces raifons de

» M. *de Maubuy* son assez bonnes; mais
» pour combattre avec avantage M.
» *Rousseau*, il faut autre chose que ces
» raisons : il faut avoir ses connoissan-
» ces, & posséder sa subtilité. La faus-
» seté la plus absurde prend en ses mains
» un air de vérité, tant il sçait l'art d'é-
» blouir. » M. *Rousseau* doit, en effet,
être bien content de ce que le sieur *Da-*
quin pense qu'il a plus d'esprit que de
jugement. Mais si mes raisons sont assez bonnes, c'est tout ce qu'il me faut
pour combattre avec avantage ; car,
qu'aurois-je besoin de recourir aux so-
phismes & aux subtilités ? Ce n'est qu'au
défaut de la raison qu'on y a recours ; &
M. *Rousseau* ne pourroit s'empêcher de
dire que l'art de persuader, par d'assez
bonnes raisons, est préférable à l'art
d'éblouir par des subtilités. Mais que
de-là notre Censeur n'aille pas conclure
que je cherche à entrer en lice avec le
Citoyen de Genève ; je dirai seulement,

si l'occasion s'en présente, que M. *Rousseau* n'est pas toujours lui-même. Et les Damés me feront-elles un reproche de ce que je ne dirai pas après lui, *qu'on ne trouve dans leurs maigres visages que des faces de Grenadiers*. Eh quoi! ne sera-t-il donc pas permis de répondre quelquefois à un Philosophe, qui a injurié si souvent le Clergé, la Noblesse, les Magistrats, les Hommes & même les Dames? Quelle loi nous a obligé d'adopter ses maximes & de respecter ses systêmes! Mais qu'eût fait Alexandre, s'il n'eût voulu que combattre des Alexandre! Peut-être même ne doit-il ses lauriers qu'à *Darius*. Il faut toujours des ombres à un tableau, pour en faire voir les beautés.

Ainsi le sieur *Daquin* peu très-bien se persuader que je suis certain que si j'entrois en lice avec M. *Rousseau*, le combat seroit *un peu très-inégal*. Entre nous deux il y a la différence qui se trouve en-

tre les deux *Daquin*. Egayons la matié-
re; écoutons ce qu'on en pense :

Entre les deux *Daquin*, si connus dans Paris,
    Bon Dieu, quel intervalle existe !
L'un est petit Censeur, l'autre est grand Orga-
    niste,
On souffle pour le Pere, on siffle pour le Fils.

Ne vous attendez pas, Madame, que
j'aille récapituler toutes les sotises de notre Censeur Hebdomadaire. Je lui dirai
seulement de vouloir bien à l'avenir dis-
tinguer ses phrases de celles des Auteurs,
par des guillemets, supposé que notre
Ex-Médecin y trouve son compte ; cela
fait, on eût distingué ses sotises des
miennes. Je saisis au hazard un de ses
traits tiré dans l'Extrait de la vie de *Ma-*
rie Millet. » Un de ces scélérats s'a-
» vance pour parler à *Dupon* : il baisse
» la tête ; *Marie* saisit avec prompti-
« tude un couteau, & le lui enfonce
» *tout entier* dans le cœur. « Qui ne

sent le ridicule de ce *tout entier* ? Mais à qui l'attribuer ? car voici ma phrase :

» Un Soldat étant venu demander
» l'ordre au Capitaine, lui fit détour-
» ner la tête pour lui parler bas. *Ma-*
» *rie* saisit le moment pour venger son
» honneur outragé : elle prit le coû-
» teau qui étoit devant lui , le lui
» enfonce dans le cœur avec tant d'a-
» dreſſe, de force & de promptitude,
» qu'elle l'étendit mort. « Je pourrois encore ajouter, Madame, que ſi l'Auteur de la corruption du goût, ſçait tout défigurer, qu'il a encore plus de mauvaiſe foi en expoſant les faits, puiſqu'il les altere, les falſifie, & que comme un autre Ecolier, il auroit beſoin d'un Grammairien pour lui apprendre qu'on ne dit pas commettre un *aſſaſſin*, mais un *aſſaſſinat*. Il a penſé qu'on m'imputeroit cette faute, par ce moyen il s'eſt cru à l'abri. Au reſte, tout à part

pour ma premiere & derniere réponſe,
qu'il ſçache que je tâcherai de profiter
de ſes conſeils. *Boileau* a dit :

Ecoutez tout le monde aſſidu, conſultant;
Un ſot quelquefois ouvre un avis important.

J'ai l'honneur d'être, avec reſpect,

M A D A M E,

Votre très-humble &
obéiſſant Serviteur,

*D E M***.*

Fin du cinquieme Volume.

TABLE

De ce qui est contenu dans le cinquieme Volume.